Equipes
solidárias

CIP-BRASIL. CATALOGAÇÃO-NA-FONTE
SINDICATO NACIONAL DOS EDITORES DE LIVROS, RJ

N598e

Di Nizo, Renata, 1969-
  Equipes solidárias : por que em grupo e não sozinho? / Renata Di Nizo. – São Paulo : Summus, 2015.
  120p. : il.

  notas de rodapé
  ISBN 978-85-323-1018-7

  1. Administração pessoal. 2. Motivação no trabalho. 3. Liderança. I. Título.

15-21221
CDD: 658.3
CDU: 658-3

www.summus.com.br

EDITORA AFILIADA

Compre em lugar de fotocopiar.
Cada real que você dá por um livro recompensa seus autores
e os convida a produzir mais sobre o tema;
incentiva seus editores a encomendar, traduzir e publicar
outras obras sobre o assunto;
e paga aos livreiros por estocar e levar até você livros
para a sua informação e o seu entretenimento.
Cada real que você dá pela fotocópia não autorizada de um livro
financia o crime
e ajuda a matar a produção intelectual de seu país.

Renata Di Nizo

Equipes solidárias

Por que em grupo e não sozinho?

summus editorial

EQUIPES SOLIDÁRIAS
Por que em grupo e não sozinho?
Copyright © 2015 by Renata Di Nizo
Direitos desta edição reservados por Summus Editorial

Editora executiva: **Soraia Bini Cury**
Assistente editorial: **Michelle Neris**
Capa: **Loïc Le Gall**
Projeto gráfico e diagramação: **Crayon Editorial**
Impressão: **Sumago Gráfica Editorial**

Summus Editorial
Departamento editorial
Rua Itapicuru, 613 – 7º andar
05006-000 – São Paulo – SP
Fone: (11) 3872-3322
Fax: (11) 3872-7476
http://www.summus.com.br
e-mail: summus@summus.com.br

Atendimento ao consumidor
Summus Editorial
Fone: (11) 3865-9890

Vendas por atacado
Fone: (11) 3873-8638
Fax: (11) 3873-7476
e-mail: vendas@summus.com.br

Impresso no Brasil

A todos aqueles que me recebem com hospitalidade incondicional

Sumário

Prefácio · 11

CAPÍTULO I
EU E O GRUPO

Era uma vez · 14
As palavras · 14
A casa · 15
Grupos · 16
Outros · 17
Desafios multiculturais · · · · · · · · · · · · · · · 17
Proposta · 18

CAPÍTULO II
FACES DA SOLIDÃO MODERNA

Liberdade em rede · · · · · · · · · · · · · · · · · · 20
O caso de amor com Samantha · · · · · · · · · · · 21
Espaços (des)ocupados · · · · · · · · · · · · · · · · 21
Contradições na(s) tela(s) · · · · · · · · · · · · · · 24
A separação do outro · · · · · · · · · · · · · · · · 25
Vínculos líquidos · · · · · · · · · · · · · · · · · · · 26
Amigos de aluguel · · · · · · · · · · · · · · · · · · 27

Para aplacar a solidão 28
"O mundo é menor do que você pensa" 30
Olhar em rede 30
Solidão em rede 31
Tradição do exílio 32
Coletivismo e individualismo 33

CAPÍTULO III
FACES DO GRUPO

Plural e singular 38
Identidade coletiva 38
Pessoa e ambiente 39
Invisível real 40
O indivíduo é grupo 41
O que é, então, um grupo? 42
Necessidades fundamentais 42

CAPÍTULO IV
DESCOBERTAS DOS GRUPOS DE AJUDA MÚTUA

O projeto 46
Estrutura e organização 47
Práticas e estratégias 49
Parênteses para o Deus sem nome 52
A frustração do fracasso 55
As pazes no deserto: autoaceitação 56
O encontro da sua tribo: pertencimento 57
Vínculos tangíveis 59
Espelho: quem sofre como eu? 60

A força vem do grupo · · · · · · · · · · · · · · · · · · · 61
Quando a magia é ofuscada · · · · · · · · · · · · · · · 62
O pulo do gato · 63
E fez-se luz · 64

CAPÍTULO V
IDEOLOGIA DA AÇÃO

Impregnar-se e colocar a mão na massa · · · · · · · · · · 68
Desconstruir o "alinhamento" · · · · · · · · · · · · · · · 69
Desconstruir a "normose" · · · · · · · · · · · · · · · · · 72
Desconstruir o faz de conta · · · · · · · · · · · · · · · · 73
Revisitar a confiança · 75
Vir a ser no mundo linguístico · · · · · · · · · · · · · · 77

CAPÍTULO VI
A PONTA DO ICEBERG: CASES DE INTEGRAÇÃO

Tudo depende de pessoas · · · · · · · · · · · · · · · · · 82
O desafio – recorrente – da integração · · · · · · · · · · 82
Empresa do segmento de comunicação · · · · · · · · · · 83
Empresa do setor de serviços · · · · · · · · · · · · · · · 87
Um case no ramo da indústria · · · · · · · · · · · · · · 91
Grupos, sempre grupos · · · · · · · · · · · · · · · · · · 96
As teias humanas · 97
O que mais incomoda e o que mais atrai? · · · · · · · · 98
Por que em rede e não sozinho? · · · · · · · · · · · · · 99
A ponta do iceberg · 101

Notas bibliográficas · · · · · · · · · · · · · · · · · · 103

Anexos · 109
    Anexo 1 – Os 12 Passos · · · · · · · · · · · · · · · 110
    Anexo 2 – As 12 Tradições · · · · · · · · · · · · · · 111
    Anexo 3 – Os 7 Lemas · · · · · · · · · · · · · · · · 112
    Anexo 4 – Os 12 Princípios Espirituais · · · · · · · · 113

Agradecimentos · 115

Prefácio

Nesta obra, Renata descortina seu mundo interno – que precisou de inúmeras linguagens para vir ao mundo externo. Uma caminhada na qual nada foi perdido, nada descartado, nada desmerecido, tudo aproveitado e transformado em aprendizado. Assim é Renata.

Pude testemunhar seu recente aprendizado sobre grupos. Digo recente porque, para a autora, a palavra "último" não existe. Sua busca é constante. Não apenas uma busca acumulativa, mas expansiva, porque entrega – seja num livro, seja num curso. Não importa a forma, desde que possa utilizar as palavras que tanto gosta de colecionar para nos brindar mais tarde.

Fruto desse recente aprendizado, este livro traz uma reflexão a respeito da necessária transição do mundo individualista para aquele em que os grupos são possíveis, mesmo diante da constante dualidade entre real e virtual.

O mundo romântico que existia até a metade do século passado deu lugar a outro em que as relações, mais egocêntricas, encontraram na tecnologia um recurso mais que estimulante, vital, para esse novo *modus vivendi*. No entanto, o sonho de Kurt Lewin de que a revolução social deveria acontecer por meio dos pequenos grupos está prestes a se tornar realidade.

A pesquisa de Renata sobre grupos de ajuda mútua mostra que, diante do individualismo que caracteriza nossa sociedade, o trabalho grupal pode resgatar vidas que estavam a liquidificar-se. Isso em uma atividade que não tem

Prefácio

por objetivo principal trabalhar o processo do grupo, mas é impactada com grandes resultados pela simples convivência entre pares.

Sou grato ao convite de Renata para apresentar o resultado de mais uma experiência que viveu plenamente e da qual me deu o prazer de ser testemunha, do início da caminhada até o momento em que se concretiza.

MAURO NOGUEIRA DE OLIVEIRA
Didata, sócio-fundador e benemérito da
Sociedade Brasileira de Dinâmica dos Grupos (SBDG)

Eu e o grupo

Capítulo 1

Era uma vez

O MEU BERÇO. O teatro deu-me quase tudo do que sou e do que me custa não ser. Deu-me a vida e o significado do vazio e seus contornos. Deu-me a dor do pássaro que eu mesma enterrei, a intensidade das paixões e o gesto único perfeito que brota à toa. Vestir-me de mim mesma e ser você. O encontro dos meus olhos com os seus. Éramos trovadores. Queríamos devorar o mundo. Eu sonhava conhecer todos os cantos do planeta e acabei no picadeiro. O circo magistral, a lona imponente e meu coração naquele terreno baldio onde as crianças se banhavam. Lembro-me dos dentes de ouro que me tiravam o sono e daquelas mulheres tão coloridas que faziam o céu parecer uma procissão.

A mulher de barba eu trancafiava na gaiola. Pior era o medo de que alguém me colocasse em um saco e eu nunca mais encontrasse o caminho de casa. Enquanto rodopiava, minha infância, sorrateiramente, se esgueirava para que Alberto Caieiro e sua criança eterna que habitam em mim não adormecessem.

As palavras

VIERAM TARDE. Por isso as coleciono como um catavento: uma frase ali, outra acolá e todas elas no meu orvalho, na mesma terra batida, terra do sol. Debruço-me – fico do tamanho delas – e, por vezes, guardo-as debaixo da gruta. Lá, as vogais do arco-íris preenchem meu céu de esperança. E as consoantes adoram meu sabiá-laranjeira.

Minha avó renova meu armário com mais um punhado de palavras. Algumas delas embrulhadas na palha, outras no tanque (mania de quará-las no quintal). Então, quando a noite abre o bocão, as estrelas – mortas de medo – fogem como eu. A mula sem cabeça ronda a casa, assombrando nosso sonho de criança.

A casa

DA MINHA AVÓ era tão maravilhosa que até hoje não sei se ela existiu. Balas de mel na hora de dormir; rosquinha açucarada com raspas de limão e dados de amendoim que cabiam na minha mão de criança; espiga de milho virava boneca, curau e pamonha; banana caramelava meu bolinho de chuva; o bolo era encantado: perfumava a gente por dentro.
Os gibis e o terço debaixo do colchão – lá dormiam meus pesadelos e minhas estrelas. A flor de bananeira nascia no coração de Jesus. Eu fingia que não prestava atenção, mas sabia que Ele me olhava cada vez que eu passava.
Em torno da mesa eu ouvia as vozes tumultuadas que falavam ao mesmo tempo. O barulho vinha de dentro. O outro – sem palavras –, do meu espelho. As mulheres eu escuto até hoje. Choro de menina-moça vira borboleta e espia até ela se cansar (ou se casar). E menino varão mata passarinho, belisca os anjos, depressa vira homem. Uma judieira!
À medida que a gente cresce, a inocência, feito névoa, leva um pouco de nós. O mundo nos convida a crescer até ficarmos do tamanho das coisas. Mas eu brinco até hoje na barba do deus-menino que já nasce grande. Psiu! Tem menina dormindo...

Grupos

UMA VIVÊNCIA INTENSA de conjunções: *de, sobre, com* e *para*. Aí entendi a multidão apinhada dentro de mim: na linha de frente, os amigos da infância; depois, os vizinhos (naquela época, bolo era universal: bastava ser criança); na sequência, grupos e mais grupos – multiplicaram-se encontros e desencontros.

Do interior à metrópole, o mundo assustava-me porque já não havia mais tempo para o café da tarde. As pastilhas cromáticas da Estação da Luz entretinham-me. No colo, os sonhos amarrotados e uma penca de crianças. Meus sonhos de infância descansavam feito massa do pão. Era uma questão de tempo. A cidade parecia um avô amarrotado e eu, de pijama, espiava sua solidão. O mundo passou a ser barulhento por fora; por dentro, só havia silêncio.

Peguei a barca para pescar abraços ao longo do São Francisco. Aquele povo é de um aconchego apimentado. As cores da África na sua pele. Sentia-me na manjedoura, criança outra vez. Então descobri que o mundo não era aquele que cabia na minha mão. Havia um além-mar.

Exilei-me nas ruas de Molière. Na cidade de Toulouse, encontrei a hospitalidade incondicional. Depois veio Barcelona – um país dentro de outro – e novos olhares, faces de mim mesma. Voltar às praças. Havia centenas delas. Aprender outra vez. A cada novo grupo, meu mundo se agigantava. Meus grupos picharam as ruas. Desmancharam o muro de Berlim. Fomos nós que colocamos abaixo todas as fronteiras. Coleciono sorrisos, uma montanha deles, e lágrimas, pencas de lágrimas.

Outros

PERMEIAM MINHA IDENTIDADE. Fui me tornando um grande número de pessoas. Carrego histórias individuais e coletivas. E, com elas, torno-me outra diante de mim mesma e de cada encontro, como um rio que atravessa o passado e o futuro. No mundo interno, carrego todos os vínculos com seu lado eterno e, ao mesmo tempo, efêmero. No fundo, moro entre silêncios. Meu vir a ser ao encontro do seu. A força – incondicional – do grupo, sem reservas. Por que não?

Desafios multiculturais

ADAPTAR-SE ÀS MUDANÇAS, comunicar e dialogar num mundo mais interativo e interdependente. Bater metas e aprender a conviver com as diferenças. O universo do trabalho virou uma torre de babel. A tendência inevitável das constantes fusões não deixa outra escolha: a diversidade tem pressa.

A colaboração em rede é a resposta paradigmática a uma sociedade mais complexa e incerta. Diante da impossibilidade de prosperar de maneira isolada, é a única estratégia que garante um processo contínuo de inovação. As empresas/pessoas – sem escolha – necessitam aprender a acolher o diverso.

Lidar com o fenômeno multicultural já não é mais tarefa de especialista. O desafio é estimular uma ética comportamental capaz de (re)valorizar o semelhante e, incondicionalmente, ser receptivo às distintas culturas, ao outro, ao grupo, à integração.

Garantir um clima aberto à cooperação é condição de sobrevivência, necessária à natureza intrínseca da inteligência coletiva. Além disso, uma cultura de inovação exige confiança a toda prova. Ou seja, convivência entre diferentes, baseada na partilha.

Proposta

ESTE LIVRO FALA do que não é tangível, daquele espaço de subjetividade que nossa sociedade em rede necessita privilegiar para potencializar a diversidade. Afinal, somos membros de uma cultura planetária e comunitária. Urge uma ideologia da ação – menos discurso e mais atitude – com base no intercâmbio e no respeito mútuo.

De que maneira seremos contemporâneos de nós mesmos? Se ainda não aprendemos o trânsito direto entre gerações, como lidar com os grupos multiculturais? De fato, a maioria não sabe dialogar nessa torre de babel das grandes fusões e ser flexível o bastante para surfar nas ondas inevitáveis da metamorfose em rede.

A lição de casa começa no abecê do pequeno grupo. A proposta é dividir as "descobertas" de uma investigação exploratória a fim de compreender o fenômeno grupal que empurra o indivíduo em uma direção, com tamanha coesão e força que ele se "agiganta" e alcança seus objetivos. É possível, em outros contextos, favorecer essa força para estimular as possibilidades coletivas e também individuais?

Resta comprovar se, na construção de vínculo, minimizam-se o isolamento social, o individualismo, o impedimento da palavra e a desconsideração pelos demais. Resta ainda conduzir estudos que comprovem e ampliem nossas especulações. Na prática, uma única certeza: os laços solidários mobilizam a afetividade e a sensibilidade favoráveis à acolhida – à solidariedade, portanto.

Faces da solidão moderna

Capítulo II

Liberdade em rede

As inovações tecnológicas mobilizam as pessoas. Disso ninguém duvida. O senso prático dos leitores digitais e compradores on-line convive com amores e beijos virtuais, relações arrebatadoras que começam em uma sala de bate-papo. Qualquer um pode bisbilhotar sua vida e muita gente, em vão, faz de tudo para preservar sua privacidade. Mesmo contra sua vontade, uma foto sua é publicada quase instantaneamente por um colega do trabalho. Você é pego no flagra. Nem tudo reluz como a espionagem sem fronteiras. Os retardatários, no último tempo, aderem ao Facebook quando as novas gerações já o consideram "coisa de velho". E, claro, deparam com temperos e destemperos tão virtuais quanto humanos.

As coisas simples, felizmente, jamais perdem seu encanto, pois se achegam pelos poros atemporais: o jantar à luz de velas, o passeio interminável nas livrarias e a pilha de livros – mesmo empoeirada – na cabeceira da cama; as conversas interminháveis na beira da pia; o cheiro do pão recém-saído do forno e um bom vinho para regar nossas histórias.

Os tempos são outros. O sociólogo Manuel Castells, que desde o final dos anos 1990 nos auxilia a compreender o conceito de "sociedade em rede", acredita que a internet não afasta as pessoas do mundo; ao contrário, aumenta as possibilidades de relações, amizade, atividade de toda sorte. A cada dia, multiplicam-se as oportunidades de combinar – livremente – ideias e pessoas, informação e conhecimento.

Além disso, desdobram-se as formas de narrar os acontecimentos e os relatos das minorias que, a despeito das diferenças, parafraseando Castells, unem-se em redes de indignação e esperança. Para o pensador, o internauta é muito mais ativo, pois em vez de ser um receptor passivo da informação participa de um modelo circular, dialógico, no qual a comunicação é de mão dupla. Ou seja, a consciência é coletiva e evolui em rede.

O caso de amor com Samantha

UMA ALEGORIA AO estilo de vida moderna é o caso de amor do protagonista do filme *Ela* – ganhador do Oscar de melhor roteiro original em 2014. O jovem apaixona-se por seu sistema operacional – Samantha –, versão feminina da gueixa moderna. Além de estar sempre disponível como amiga ou objeto sexual, há uma supervalorização tanto da quantidade de informação (ela sabe tudo) quanto de seu otimismo sem tréguas (ela não se cansa nunca).

Se antes a competição dava-se com a modelo de medidas perfeitas, agora a adversária é intangível, também líquida e descartável: basta um clique para evaporar ou reaparecer. O filme angariou fervorosos simpatizantes; entre os espectadores, há os que ao saírem do cinema se sentiram terrivelmente sós.

Espaços (des)ocupados

A PÓS-MODERNIDADE IMPLICA mudanças inclusive na forma de ocupar os espaços. A vida do bairro foi trocada pelo anonimato e pela concentração urbana. Em vez do círculo vitalício de amigos que nos acompanhava ao longo de nossa trajetória, hoje se celebra o encontro instantâneo e multicultural. Em vez da vendedora da loja que perguntava como andavam as coisas, temos o conforto tríplice e impessoal dos centros comerciais: lojas, segurança e alimentação.

Nunca foi tão valorizado o imóvel de um dormitório, de preferência com pavimento exclusivo para lazer: piscina, sauna, espaço relax, solário, *fitness*, salão de festas com espaço gourmet, churrasqueira. De acordo com dados da Pesquisa Nacional de Amostra por Domicílio (PNAD) do Instituto Brasileiro de Geografia e Estatística (IBGE), o número dos que moram sozinhos pulou de 4,5 milhões em 2001 para 7,9 milhões em 2011. Sinal de que um número razoável de pessoas dos centros urbanos optou pela tendência *single*: viver sozinho sem estar recluso da sociedade e, ao mesmo tempo, cercado de pessoas.

A psicanalista Anna Veronica Mautner comenta em artigo publicado na *Folha de S. Paulo* em 2013 as atividades – realizadas isoladamente – que hoje estão na moda: ir a concertos de rock, frequentar academias de ginástica, andar de bicicleta, fazer caminhada, sauna etc. Mais do que prazeres solitários, para a colunista,

> Muitas dessas atividades são autônomas, porém realizadas em lugares públicos, com a presença de outros. Todas dispensam organização e planejamento. [...] Você quer estar no meio de gente, mas sem interação um a um. Isso tudo ocorre porque o homem dispõe de um aparato indispensável à liberdade: a linguagem. Somos mais do que meros sobreviventes com recursos. Somos o homem político, como diziam os gregos: aquele que, se quiser, pensa, leva em conta o seu semelhante.[1]

O modo como o homem está no mundo se constrói, de um lado, por meio das relações com os demais; de outro, em função de seu livre-arbítrio. Segundo o sociólogo Eric Klinenberg, pesquisador da Universidade de Nova York, em geral a solidão é consequência direta de escolhas pessoais. Um bom exemplo é a preferência pela construção de uma carreira que pode deixar em segundo plano a construção dos vínculos, dos relacionamentos.

O escritor de obras religiosas David Jeremiah responsabiliza, em parte, a própria vida moderna, que reúne em grandes aglomerações pessoas sem nenhuma afinidade entre elas. Ele afirma:

> Em uma sociedade onde a maioria das pessoas vive em cidades ou subúrbios muito impessoais, onde os entretenimentos eletrônicos frequentemente substituem os diálogos entre as pessoas, onde estes mudam de um emprego para outro, de estado civil, de um matrimônio para outro, a solidão tornou-se uma autêntica epidemia.[2]

Aqui merece destaque o controverso tema do planejamento estratégico das metrópoles. Desde o surgimento dos carros, as cidades perderam o equilíbrio que assegurava espaço suficiente ao encontro, a caminhadas – enfim, a uma vida comunitária. Separadas umas das outras, as pessoas perderam possibilidades de vida social, de acordo com o arquiteto dinamarquês Jan Gehl.

Gehl respalda-se em pesquisas que comprovaram que o ambiente urbano edificado afeta diretamente as escolhas de seus habitantes. Dito de outra forma, a maneira como são construídas as cidades influencia o que fazer ou não nelas, agindo assim diretamente sobre as condições e o estilo de vida dos indivíduos. Daí a importância de repensar e buscar modelos que equilibrem funções. Para ele,

> as pessoas precisam de mais espaços para caminhar e se encontrar. Isso é bom para a saúde e para a vida pública em todas as suas cono-

tações. Poder andar, sentar, olhar, conversar e compartilhar no espaço público é extremamente importante para a vida humana.[3]

Por essa razão, o arquiteto enfatiza que a gestão pública das cidades do século 21 deve priorizar a escala humana.

Muitos arquitetos acham que isso basta: ser bonito, com boas lâmpadas, materiais e equipamentos. Mas isso não é suficiente para que um espaço público seja bom. Nele é preciso também que as pessoas sejam protegidas do tráfego, do barulho, da violência, das intempéries; que seja um bom lugar para caminhar, para estar, para sentar, para ver e ouvir; ele deve prover oportunidade para as pessoas se exercitarem, brincarem e usufruírem do tempo [...] por fim, deve ser um espaço bem desenhado.

Contradições na(s) tela(s)

O TEMA DOS novos hábitos do estilo de vida moderno mereceu destaque no filme *Medianeras*, de 2011, dirigido pelo argentino Gustavo Taretto. Este opta por uma leitura densa: isolamento, desencontros, falta de afeto e de vínculo amoroso. Assim, jovens solitários e fóbicos cruzam-se nas ruas sem nunca se encontrar.

Martín (Javier Drolas) está sozinho, passa por um momento de depressão e não se conforma com a maneira como a cidade de Buenos Aires cresceu e foi construída. Web designer, meio neurótico, pouco sai e fica grande parte do tempo no computador. É através da internet que conhece Mariana (Pilar López de Ayala), sua vizinha também solitária e desiludida com a vida moderna numa grande cidade.[4]

Dicotomias da vida moderna. Irregularidades estéticas e éticas. Ao lado de um prédio francês, outro sem estilo. As pessoas se parecem com a cidade ou a cidade se parece com elas? O filme retrata, em meio ao crescimento desordenado, um olhar sobre as contradições do mundo tecnológico e a solidão urbana. Fala do isolamento voluntário como expressão da "liberdade" de cada um de querer estar só, diferentemente da privação social involuntária (terceira idade, incapacidade física etc.). Resta averiguar se as mudanças sociais reforçam (ou não) o isolamento existencial. E, ainda, em que medida esse fenômeno, acentuado por medo dos compromissos afetivos ou pela separação do outro, não acaba por desencadear a solidão. Afinal, por que um número cada vez maior de pessoas se queixa do isolamento?

Será que a presença dos demais muda a percepção da pessoa solitária? É bem possível, por exemplo, que perseguir objetivos materiais, ainda que rodeado de pessoas, não minimize o sentimento de dor ou a sensação de desprazer, frutos da solidão. De fato, pode-se estar cercado de pessoas e, mesmo assim, sentir-se separado do outro. Ou, estando só – situação visível e objetiva –, não sentir solidão nenhuma, à moda dos artistas que adotam o isolamento como condição necessária à criatividade.

Porém, a pessoa que ergueu ao redor de si muros de isolamento talvez precise de muito mais que transgressão criativa para ter a esperança de volta.

A separação do outro

O FILME ARGENTINO *Um conto chinês*, de 2011, também fala de isolamento. Em decorrência da morte dos pais, o protagonista, Roberto, paralisa completamente sua vida e se enclausura na mais completa solidão. Uma de suas manias, que o mantém fragilmente em contato com a realidade, é contar os parafusos que recebe em sua loja (e reclamar na fábrica porque sempre falta meia dúzia). Sem vínculo com o mundo virtual – ao contrário, como se quisesse congelar o tempo –, vive de colecionar notícias internacionais absurdas e insólitas, que recorta pacientemente dos jornais.

A primeira cena, baseada no realismo fantástico, começa em um lago paradisíaco, quando uma vaca despenca do céu e mata uma jovem prestes a ser pedida em casamento por seu noivo chinês. Na cena seguinte, desconcertado, o moço aterrissa em Buenos Aires, à procura do tio. Rapidamente suas malas são roubadas e ele se vê perdido, pedindo ajuda a Roberto, que passava por ali. Muito a contragosto, o protagonista decide ajudar o jovem.

Mesmo sem uma única palavra, devido à dificuldade idiomática, à medida que o relacionamento entre eles evolui Roberto relaxa as trincheiras e, graças à presença do outro, dá os primeiros passos para entrar em contato com a realidade. Ele recupera sobretudo a capacidade de estabelecer vínculos.

Vínculos líquidos

O FILÓSOFO ZIGMUNT Bauman acredita que o temor diante da proximidade do outro decorre do "crônico medo de sermos deixados para trás, de sermos excluídos"[5]. Desse modo, de acordo com o filósofo Renato Bittencourt, o desafio do homem moderno é atender sua profunda necessidade "de superar seu estado de separação em relação ao outro, deixando assim a prisão de sua solidão"[6].

Nunca o homem teve tantas possibilidades de se abrir ao mundo, de se comunicar de maneira ampla e irrestrita.

"As pressões atuais não vão no sentido do autoenclausuramento e do afastamento do mundo"; ao contrário, representam o desejo do homem contemporâneo de libertar-se da "estreita rede de lealdades e obrigações herdadas", afirma Bauman[7].

Assim, o filósofo desenvolve o conceito de "vida líquida", cujo pressuposto é o de que os valores da sociedade ocidental estão cada vez mais diluídos e, consequentemente, restringem a capacidade de tolerância e de criar vínculos duradouros.

A grande vantagem do amor mediatizado pela tela de computador é que, assim, evitamos a intimidade invejável com a presença do parceiro. Se porventura essa relação torna-se enfadonha, basta apertar algum botão e excluir para sempre o contato dessa pessoa da lista. O mundo virtual, que deveria proporcionar a aproximação entre os indivíduos, acaba então motivando ainda mais a ruptura interpessoal, com o agravante de que o amor virtual é uma ilusão afetiva, ainda que supostamente prazerosa para aquele que dela se utiliza. Os relacionamentos virtuais são assépticos e descartáveis, e não exigem o compromisso efetivo de nenhuma das partes pretensamente envolvidas.[8]

Amigos de aluguel

A EMPRESA RENT a Local Friend foi fundada pela brasileira Alice Moura. Jornalista de formação, a jovem empreendedora, na época editora de uma revista, morava em Londres e tinha o hábito de ciceronear e oferecer dicas em seu blogue para quem fosse desbravar a cidade. Acabou sendo referência entre amigos.

[...] Aí, fiz um post tipo se você quiser um "local friend" para mostrar a cidade, "rent me for the day"! E esse post fez um sucesso incrível. Virou uma coisa engraçada: como assim, vou alugar um amigo? Porque o meu papel era ser um amigo, não era uma coisa cínica. Você não é guia, não vai vender o restaurante do seu primo, você está lá sem nenhuma agenda e sem nenhum compromisso, é uma coisa livre. Aí, eu criei o blogue Rent a Local Friend.[9]

O link foi parar na mão de um amigo de Alice, que colocou o endereço no *Times*, e em 30 dias o negócio já funcionava em ritmo global, com demandas de diversos países pedindo um passeio personalizado. Assim, a jovem empresária teve a ideia de recrutar amigos que conhecera em suas andanças. Familiares também se juntaram ao projeto. Em junho de 2013, havia quase 900 "local friends" espalhados pelo mundo, com o objetivo de conhecer as cidades como os habitantes locais e evitar pacotes turísticos com cara de Disney.[10]

Para aplacar a solidão

Existem também outras modalidades de serviços de aluguel: para ir ao cinema ou a uma festa, para motivá-lo durante exercícios físicos ou conversar sobre algum tema de seu interesse. No Japão, por exemplo, é crescente o mercado de empresas especializadas na contratação de atores para fazer o papel de amigos, confidentes, acompanhantes e suporte emocional em formalidades e protocolos tradicionais (cerimônia de casamento, funerais etc.).

Algumas chamadas veiculadas na mídia brasileira sugerem ser possível resolver os problemas da atual condição humana: "Na falta de um amigo, alugue um" (revista *Época*); "Agora, se o problema for solidão, o jeito é chamar os Amigos de Aluguel" (*Veja*).

Esse tipo de serviço oferecido pelos Amigos de Aluguel promove "sensações, impressões e percepções que mascaram o medo e a solidão na sociedade líquido-moderna".[11] A fim de minimizar esses sentimentos, estrutura-se uma cadeia de oportunidades.

A abordagem apelativa anuncia a solidão e o individualismo como a atual condição humana, e busca mobilizar as pessoas mostrando-se mais enfática em vivências específicas de solidão. Dirige-se àquelas situações de solidão acompanhadas de sofrimento, àquelas cristalizadas ao longo do tempo, cujo anúncio trata de resolver inserindo a questão do longo prazo com um amigo para sempre ao seu lado, àquelas que dizem de faltas singulares e àquelas que ignoram a formulação de críticas.[12]

O serviço é noticiado e ofertado como algo simples, outro item disponível no balcão das mercadorias de fácil acesso e rápido consumo. Trata-se de um apelo ao consumo, algo característico da sociedade "marketizada", que relaciona falta de dinheiro com menor felicidade e maior solidão.

Em reportagem exibida no programa *Mais Você* de agosto de 2008, os amigos de aluguel são oferecidos da seguinte forma: "Por que não ganhar dinheiro com a solidão alheia?" Assim, o serviço de "locação" oferece o "amigo família", o "amigo esportista" e o "amigo balada", entre outras modalidades.

Da ótica de Bauman, no âmbito cultural, a rotina deu lugar à inovação; as regras sociais tradicionais, à transformação constante; a satisfação das necessidades, à produção de desejos em curto prazo. Incerteza e transitoriedade influenciam o estilo de vida moderna e, segundo o autor, prejudicam a construção e manutenção de relacionamentos.

"O mundo é menor do que você pensa"

É O LEMA do *Couchsurfing*, fundado em 2004 por jovens que gostavam de viajar. Basta entrar no site e preencher o perfil, semelhante ao das redes sociais. Você pode hospedar (ou ser hospedado), ciceronar (ou ser ciceroneado) ou simplesmente oferecer/receber informações sobre uma cidade. Além dos perfis, os usuários postam comentários sobre as estadias. Dessa maneira, com base em referências negativas, alguns integrantes podem ser eliminados. A missão da comunidade depende, portanto, do compartilhamento de informações.

Em março de 2015, havia 10 milhões de membros cadastrados em 200 mil cidades[13], entre eles os que optam pelos serviços apenas como forma de economizar (é proibido cobrar pela hospedagem), mas há o time engajado e disposto a interagir com o outro. Enquanto desfrutam da hospitalidade, provam que o intercâmbio cultural entre viajantes, ou seja, a ajuda em rede, funciona.

Olhar em rede

JAMAIS ESTIVEMOS, EM tempo real, em conexão com o mundo inteiro. A sociedade em rede oferece opções e liberdade que tanto podem aproximar quanto distanciar. Compartilhar ou acessar informação por si só não confere poder de transformar a realidade – o poder está no que se faz ou se deixa de fazer a partir dela.

A solidão pode ser encarada como prisão ou liberdade (de gastar tempo com os próprios pensamentos, o "olho no olho" consigo mesmo). Na sociedade em rede as escolhas fecham ou abrem múltiplas possibilidades.

No dizer do filósofo francês Pierre Levy, o desenvolvimento eficaz da inteligência coletiva exige acompanhar as constantes e aceleradas mudanças técnicas e sociais. Quem não consegue fazê-lo corre o risco de exclusão. Por isso, ele insiste: a inteligência coletiva pode ser um remédio ou um veneno. O que importa é permanecer vigilante à sobrecarga de informação, dependência, centralismo ou conformismo.

Solidão em rede

O RISCO DA atualidade é privilegiar carreira e *status* e, em vez do presencial, optar pelas conexões como forma predileta de gestão dos relacionamentos. Em vez da espontaneidade do encontro, a segurança comedida e a autopromoção. Em vez da entrega, a urgência de registrar cada momento como se vivenciá-lo não fosse o bastante.

O vídeo *The innovation of loneliness*[14], no mínimo instigante, reúne diversos olhares e pesquisas relativos às mídias sociais e ao uso das novas tecnologias. A ideia do designer Shimi Cohen, de Tel Aviv, é elucidar o modo como a tecnologia está influenciando o relacionamento das pessoas consigo mesmas e entre elas.

Cohen aponta reflexos psicológicos que merecem nossa atenção. Um bom exemplo são as fantasias gratificantes das redes sociais. Se quero uma trégua do meu nomento presente, posso *desviar a atenção para onde desejar*; quando quero me expressar, *sempre serei ouvido*; aconteça o que acontecer, *nunca estarei sozinho*. Dito de outro modo, compartilho, logo existo. "As redes sociais não estão mudando apenas o que fazemos, mas também quem somos", afirma a narração do vídeo.

A escritora e psicóloga Sherry Turkle, que também fundamentou as pesquisas de Cohen, acredita que as pessoas se isolam em grande parte porque não cultivam a capacidade de estar sozinhas. Então, passam a preencher o vazio e a necessidade de intimidade com conexões que amenizem a ansiedade. Dessa forma, a tecnologia foca no aspecto mais vulnerável: a solidão humana. As plataformas virtuais dão às pessoas a ilusão de que alguém as escuta, sem as exigências de um relacionamento real.

Tradição do exílio

Pertencer é uma das necessidades interpessoais fundamentais que regulam nosso termômetro do bem-estar. As pessoas querem ser parte de algo. Quando isso não ocorre, em geral por circunstâncias alheias à vontade, tem conotação pejorativa. Desde a Grécia Antiga, o sujeito condenado ao ostracismo recebia como pena o desterro.

No Brasil, durante os anos da ditadura militar instaurada em 1964, toda pessoa considerada inimiga do regime era submetida ao Ato Institucional nº 5, AI-5 que dava poder de exceção aos governantes para punir arbitrariamente. Milhares de artistas, trabalhadores e políticos foram banidos. Outro exemplo de isolamento – não individual, mas coletivo – é o caso do *apartheid* na África do Sul, que impedia o contato dos negros com qualquer europeu. Assim, o castigo tradicional é isolar o homem socialmente.

Também nos clássicos contos de fada evidencia-se a prática do exílio. Para a analista junguiana Clarissa Pinkola Estés (1999), o afastamento do personagem principal ocorre em função da decisão voluntária ou imposta por outrem. Entre os motivos, estão o tradicional castigo, maldade ou maldição, um pacto ou até mesmo negligência ingênua. A autora destaca, porém, outras faces benéficas do isolamento:

> Apesar de ter seus aspectos negativos, a psique selvagem consegue resistir ao isolamento. Ela faz com que tenhamos um anseio ainda maior no sentido de liberar nossa própria natureza verdadeira, e provoca em nós um desejo intenso por uma cultura que combine com a nossa.[15]

Coletivismo e individualismo

NA OPINIÃO DO sociólogo americano Eric Klinenberg, a população mundial transita entre o conceito de coletivismo e os princípios do individualismo. Para Santiago Nazarian, eleito em 2007 um dos autores jovens mais importantes da América Latina,

> o individualismo geralmente é visto com olhar negativo, mas também tem sua importância política, pois vai contra a massificação, a pasteurização, a mecanização do homem. O individualismo é o triunfo do indivíduo, da personalidade própria, da opinião e da consciência.[16]

O intelectual brasileiro Muniz Sodré, embora reconheça que a escrita contemporânea dos autores brasileiros reflita a experiência do grupo social, mantém reticências quanto ao individualismo exacerbado da nova safra de autores:

Toda contação de histórias é um prolongamento da experiência da comunidade e do grupo social – mesmo quando a literatura é experimental, como é o caso de Guimarães Rosa, ou quando são escritos que têm forte compromisso com a língua "brasileira", como acontece com Machado de Assis e Graciliano Ramos. Os momentos fortes da nossa literatura estão representados por escritores que contam histórias. Entretanto, a nova safra de romancistas tem se preocupado mais com **o próprio ego**[17] (grifo nosso).

A obra de Octavio Paz (1960), ensaísta e poeta mexicano, fortemente influenciada pela visão freudiana, revela a condição humana (neurose, angústia, repressão dos desejos), sobretudo a solidão – que, segundo ele, desencoraja o homem moderno a enfrentar o mundo. A solidão é entendida como falta de espelho, distanciamento do *outro*, sem o qual não se pode resgatar a própria identidade. Ou seja, a consciência de si mesmo parece condicionada à presença do *outro*.

A solidão também é antídoto para abandonar o passado e vislumbrar as possibilidades do vir a ser.

[...] Todos os homens, em algum momento da vida sentem-se sozinhos; e mais: todos os homens estão sós. Viver é nos separarmos do que fomos para nos adentrarmos no que vamos ser, futuro sempre estranho. A solidão é a profundeza última da condição humana. O homem é o único ser que sente só e o único que é busca de outro. Sua natureza – se é que podemos falar em natureza para nos referirmos ao homem, exatamente o ser que se inventou a si mesmo quando disse "não" à natureza – consiste num aspirar a se realizar em outro. [...][18]

Na literatura experimental de João Guimarães Rosa, em particular em "O Espelho", há dois aspectos que condicionam o processo de humanização: a aceitação do eu e do outro – heterogêneos.

Na mesma linha, em *Cem anos de solidão*, obra magistral do escritor colombiano Gabriel García-Marquez, a solidão é o estado de espírito que passa de geração para geração. Como um rio que percorre a solidão do continente, os recém-nascidos, impreterivelmente, adotam o mesmo nome daquele familiar que o antecedeu.

Pode-se observar que, na obra desses três escritores, o inconsciente detém a totalidade das experiências humanas, que passam a fazer parte do acervo da humanidade. Em vez do único, apostam no homem plural.

Parafraseando Jacob Levy Moreno,

> um encontro de dois: olho no olho, face a face. E quando você estiver perto eu arrancarei seus olhos e os colocarei no lugar dos meus, e você arrancará meus olhos e os colocará no lugar dos seus; então, eu olharei você com seus olhos e você me olhará com os meus.[19]

Na versão moderna, em "Chat", poema inédito da jornalista e escritora Ieda Estergilda de Abreu, evidencia-se uma relação virtual caracterizada pelo desejo ambíguo de se relacionar, pela insegurança de estreitar relacionamento. Ao mesmo tempo, pressupõe-se essa nova linguagem de rede, segundo a qual é possível se conectar ou desconectar, bem como confrontar-se com o incômodo da proximidade.

> Queria te conhecer em carne e osso, moço
> para quê não sei, nem me pergunte
> quem pergunta nem sempre quer saber.

Queria te conhecer
talvez fique tímida, muda
talvez nem apareça, esqueça
ou de repente, sem nenhuma fantasia
fique apenas presente na presença tua.

A ficção intimista contemporânea vasculha no presente pensamentos, sensações e emoções atrelados ao passado. Tudo indica que esse entrelaçar de experiências, no aqui e agora, sonda a própria solidão para o resgate do olhar do outro e de si mesmo. A dicotomia permanente entre o coletivo e o individual. Uma busca incessante da própria identidade. Afinal, a solidão pode ser um caminho de encontro e interação consigo mesmo.

Faces do grupo

Capítulo III

Plural e singular

No início da existência, não há consciência de si. Ao nascer, a criança, entregue à satisfação das próprias necessidades, confunde-se com o meio e, pouco a pouco, começa a distingui-lo. A diferenciação que culmina com a descoberta da própria imagem no espelho representa o primeiro passo para o autoconhecimento.

O reconhecimento de si mesmo e, ao mesmo tempo, a identificação do "tu" marcam o início da socialização. A entrada na escola marca etapas decisivas. Uma sucessão de grupos, escolhidos ou impostos, é incorporada. À medida que as experiências são introjetadas, as pessoas passam a fazer parte da vida uma da outra.

Assim, por meio de uma rede de contatos, o ser humano constrói experiências e aprimora sua capacidade de interagir, passando a ver-se nos demais e a se reconhecer neles. Como em um espelho de significados, ressignifica e (des)constrói histórias, descobre a própria humanidade. Novas estruturas mentais e novos conceitos exigem processos de aprendizagem grupais que se transformam, por sua vez, em conteúdo intrapessoal. O homem, então, é capaz de discernir aquilo que lhe é singular e também universal.

Identidade coletiva

Para o pensador franco-lituano Emmanuel Levinas, alteridade é a identidade coletiva. Trata-se do *eu* que passa a existir somente enquanto *ser no mundo* imerso em uma realidade relacional, portador em si mesmo da condição de *ser em rela-*

ção. Diante do outro, na alteridade, em uma relação face a face, o homem é chamado a um comportamento ético comportamental capaz de (re)valorizar o outro.

O existir, ainda da ótica de Levinas, consiste em reencontrar a própria identidade no diverso. A história do homem é sua casa, mas ele existe no mundo. O outro, por sua vez, é o estrangeiro, o rosto que o interroga em casa.

Já o filósofo franco-argelino Jacques Derrida, influenciado tanto por Levinas quanto por Freud e Nietzsche, postula o acolhimento do outro condicionando-o à amizade e à hospitalidade incondicionais. Esses dois valores são considerados os antídotos para lidar com a superação da crueldade cotidiana. Em outras palavras, **somente por meio da hospitalidade incondicional se dá a plena aceitação da diferença (social, cultural, moral). Para Derridas, hospitalidade é tentar acolher de modo imediato – sem reservas, em cada contexto, em cada caso e diante de cada singularidade.**

Aprender a aprender com as diferenças é fator decisivo na relação pacífica e construtiva. Essa complementaridade e interdependência no modo de pensar, sentir e agir dependem de responsabilidade ética ou do reconhecimento do outro com base na perspectiva dele, aceitando-o ou, ao menos, respeitando-o. Ou seja, **a existência singular acontece por intermédio do outro, num processo íntimo vivenciado coletivamente, condicionado ao aprendizado mútuo.**

Pessoa e ambiente

A CHAMADA "TEORIA DOS GRUPOS" é recente. Entre aqueles que a pensaram estão Freud e Lewin (décadas de 1920-30),

Bion e Pichon-Rivière (décadas de 1940-50) e, mais recentemente, Anzieu, Käes, Maturana, Varela e Morin, entre outros.

Lewin (1892-1947) introduziu a expressão "dinâmica dos grupos". Em sua teoria de campo, destaca a importância da motivação, da interação do indivíduo com o ambiente. Nesse campo dinâmico – "espaço de vida" – coexistem os fatores, mutuamente interdependentes, que determinam o comportamento naquele momento; ou seja, a relação de pessoa (P) e meio (M).

"Campo" é definido como a totalidade de fatos coexistentes para a pessoa. Objetos, indivíduos e situações adquirem valência no ambiente psicológico, configurando um campo de forças. Tais valências, quando satisfazem necessidades e expectativas do indivíduo, são consideradas positivas e produzem atratividade. Quando percebidas como agentes de prejuízo ou frustração, são vistas como negativas. Esse campo psicológico individual é responsável por modificar/ ajustar o modo de ver e entender o próprio entorno.

Invisível real

A DIMENSÃO REAL do grupo, latente e inconsciente, nasceria das relações? Lewin e Freud concordam que parte significativa do comportamento é regida por leis da instância psíquica. Para Bion, a realidade do indivíduo é grupal; assim, o grupo existe em função de suas inter-relações. "Minha história", ou relato pessoal, é, logo, uma malha de intersecções, de vivências compartilhadas.

Já não se sustenta a separação mecanicista entre indivíduo e sociedade. Ao contrário, como afirma o psicanalista

Enrique Pichon-Rivière, tanto a ação do meio sobre o indivíduo quanto a do indivíduo sobre o meio se dão em contínua dialética.[20]

O indivíduo é grupo[21]

PICHON-RIVIÈRE, POR MEIO do conceito de vínculo, faz uma importante contribuição ao entendimento da dinâmica dos grupos. O foco não é o sujeito em si, mas a ligação que ele estabelece com o outro. Interessam os circuitos complexos de comunicação e aprendizagem.

Um dos princípios dessa teoria é a contínua espiral dialética, a transformação do irracional em racional. O indivíduo, por meio de uma adaptação ativa, é capaz de alterar e enriquecer a realidade ao mesmo tempo que é modificado por ela. O aprendizado acontece no trânsito constante e dialético entre um esquema fechado (rígido e estereotipado) e outro aberto.

Estudar vínculos denota necessidades – intrínsecas e humanas – reguladoras da autoestima, do senso de identidade e da relação com o mundo exterior. Assim, **a teoria dos grupos abarca tanto a relação humana quanto o indivíduo. Este não é apenas parte do grupo, mas o próprio grupo.**

Vivenciar a própria dimensão do singular, ao mesmo tempo plural, possibilita, entre outras coisas, experimentar sutis e complexas vinculações à dimensão humana.

[...] O grupo cumpre funções fundamentais na estruturação da psique e na posição subjetiva de todas as pessoas. Nascemos para o mundo já como membros de um grupo, ele próprio encaixado em outros grupos e com eles conectado. Nascemos elos no mundo, herdeiros, servidores e beneficiários de uma cadeia de subjetividades que nos precedem e de que nos tornamos contemporâneos [...].[22]

O que é, então, um grupo?

ATENTO AOS MOVIMENTOS nazifascistas, Freud, na década de 1920, procurou entender o poder de coesão grupal exercido sobre as pessoas:

> O que é, então, um "grupo"? Como adquire ele a capacidade de exercer influência tão decisiva sobre a vida mental do indivíduo? E qual é a natureza da alteração mental que ele força no indivíduo?[23]

Contemporâneo de Freud, o psicólogo francês Gustave Le Bon desenvolveu o conceito de mentalidade grupal: forte fusão mental acompanhada do sentimento de poder invencível e de autodeterminação. Em virtude desse mecanismo agregador, o inconsciente individual cede espaço ao coletivo. Trata-se dos fenômenos do contágio e da sugestionabilidade, que afetam tanto os sentimentos quanto o comportamento das pessoas. Assim, uma vez inseridas no grupo, suas características individuais tendem a desaparecer ou a recrudescer.

Necessidades fundamentais

SEGUNDO O PSICÓLOGO americano Will Schutz, a integração do indivíduo acontece a partir do momento em que suas necessidades fundamentais e interpessoais são satisfeitas pelo grupo, a saber: inclusão, controle e afeição.

Inclusão é a fase da formação grupal em que as pessoas procuram identificar-se com os membros do grupo e decidem se vão fazer parte dele. Tem que ver com o desejo de receber atenção e efetuar interações, sentir-se aceito, integrado e valorizado. Em seguida, vem a fase de estruturação experimental do grupo ou de **controle**. O foco é o funcionamento, as regras, as normas de conduta. Ou seja, é o momento de definir responsabilidades para si e para cada membro do grupo. Trata-se de saber quem tem autoridade, em que e por quê. Por fim, vem a etapa da **afeição** ou de abertura, em que a pessoa quer ser totalmente valorizada e sentir-se insubstituível. É o estabelecimento gradual de laços emocionais, por meio dos quais as pessoas vão expressar sentimentos de apoio, carinho, rejeição, ciúmes, hostilidade e agressividade.

Vivenciar essas etapas, segundo Schutz, garante o desenvolvimento contínuo tanto do grupo quanto de seus participantes. Resta saber em que medida os grupos atendem às necessidades interpessoais e promovem o clima de confiança – a integração, portanto.

000# Descobertas dos grupos de ajuda mútua

Capítulo IV

O projeto

EXISTE UMA MÁGICA grupal? Como lidar com metas que parecem irracionais, sobretudo aquelas que obrigam mudanças radicais? Por que o apoio do grupo facilita as mudanças de hábito? É mais fácil alcançar objetivos quando perseguidos coletivamente? Afinal, por que em grupo e não sozinho?

No contexto da pós-graduação em Dinâmica de Grupos, produzi, em parceria com colegas, um artigo que trata dos fatores-chave responsáveis pelo sucesso no alcance das metas em grupos de ajuda mútua. Em comum, os entrevistados depois de tentativas individuais fracassadas, por meio do suporte do grupo, alcançaram seus objetivos.

Restava saber em que medida a solidariedade é um indicador do sucesso grupal e de que maneira contribui para o processo de mudança. Caso a hipótese se confirmasse, seria possível promover a mesma "mágica" em outros contextos? Para chegar a essa resposta, realizou-se uma pesquisa exploratória, de caráter qualitativo, para investigar e entender atitudes, valores, percepções e motivações.

Entre os entrevistados, há frequentadores do modelo da chamada irmandade, cuja metodologia dos 12 passos foi criada por Bill Wilson em 1935, na fundação dos Alcoólicos Anônimos (AA). Mas há também aqueles que frequentaram reuniões de tabagistas, caracterizados pela orientação médica e pela duração limitada. Ou seja, uma vez vencido o hábito de fumar, os encontros tornam-se menos frequentes até deixarem de existir.

Assim, foram entrevistadas nove pessoas de grupos diversos, conforme o quadro a seguir:

> **Roteiro de entrevista**
> - qualificação do entrevistado: dados sociodemográficos, idade, escolaridade;
> - histórico do problema que o motivou a buscar ajuda;
> - incômodos causados;
> - tentativas de cura feitas individualmente: relatos;
> - o que dava certo e o que não funcionava na batalha travada por cada um;
> - o que aprendeu com suas tentativas;
> - sentimentos despertados pelos esforços frustrados;
> - caminho percorrido para optar pela ajuda mútua;
> - trajetória dentro de grupo: a quantos grupos pertenceu, tempo de permanência em cada um deles, motivos de eventuais desistências, de não atendimento da meta, entre outros;
> - pontos fortes e fracos da experiência grupal;
> - motivo que o ajudou a atingir a meta dentro do grupo (tentativa de sucesso);
> - confronto das experiências individuais com as em grupo.

Estrutura e organização

A ESTRUTURA E a organização do AA obtiveram tanto sucesso que foram adaptadas para outros tipos de compulsão, formando os mais diversos grupos: dependentes químicos, neuróticos, jogadores, comedores compulsivos, devedores, mulheres dependentes de relacionamentos destrutivos, tímidos, entre outros – todos eles de caráter voluntário, anônimo e confidencial.

As pessoas partilham a mesma vivência, os mesmos problemas. Uma das características do grupo de ajuda mútua, segundo o psicanalista David Zimerman, é a junção espontânea de "pessoas que se sentem identificadas por algumas características semelhantes entre si, e se uni-

Descobertas dos grupos de ajuda mútua

Entrevistado	Idade	Sexo	Grau de instrução	Profissão	Grupo frequentado
1	43	M	Ensino fundamental	Funileiro	Alcoólicos Anônimos (AA)
2	58	F	Superior completo	Psicóloga	Tabagistas
3	45	F	Superior completo	Engenheira	Comedores Compulsivos Anônimos (CCA)
4	27	F	Superior completo	Analista de treinamento	Mulheres que Amam Demais Anônimas (Mada)
5	51	F	Superior completo	Atendente	Mulheres que Amam Demais Anônimas (Mada)
6	62	F	Superior completo	Fonoaudióloga	Mulheres que Amam Demais Anônimas (Mada)
7	48	M	Ensino médio	Técnico	Narcóticos Anônimos (NA)
8	32	F	Ensino médio	Professor de educação física	Narcóticos Anônimos (NA)
9	67	M	Superior completo	Tradutor	Tabagistas

ficam quando se dão conta de que têm condições de se ajudar reciprocamente [...]".[24]

Sem a ajuda de profissionais ou liderança formal aparente, elas aprendem umas com as outras. Os facilitadores das reuniões seguem um rodízio programado ou espontâneo. Sua única função é coordenar a pauta das reuniões (cronometrar o tempo dos depoimentos, informar assuntos referentes à irmandade, ler as obras que servirão de inspiração naquele dia). A autogestão compreende, também, a autossuficiência – em vista disso, são aceitas apenas doações voluntárias de seus membros para manutenção do grupo (aluguel de sala, compra de livros, chá, impressão de apostilas), sendo quaisquer doações de fora rejeitadas.

Achados dos grupos de ajuda mútua

Os aspectos grupais mais importantes destacados pelos entrevistados foram:
- contrato bem definido;
- reconhecimento da inteligência espiritual – "Deus sem nome";
- autoaceitação – "Paz no deserto";
- pertencimento – Fazer parte de uma "tribo";
- socialização – Resgate da capacidade de criar vínculos;
- espelhamento – "Quem sofre tanto quanto eu?";
- identidade – A força vem do grupo.

Práticas e estratégias

É CONDIÇÃO DO processo de recuperação o confronto diário entre a vivência pessoal e os pressupostos básicos norteadores: os 12 Passos e as 12 Tradições (veja os Anexos 1 e 2).

[...] Se quero ter relacionamentos saudáveis, aplico a primeira tradição[...] porque o meu bem-estar depende do nosso bem-estar. Também, quando [...]perceber qualquer opinião obstinada ou a vontade de "justificar" minha postura, ouvirei mais e falarei menos. Seguindo a 10ª tradição, não entramos em controvérsias.[25]

Já os 12 Conceitos tratam da responsabilidade legal e prática de gestão do próprio grupo no que se refere à estrutura, aos regulamentos e ao poder de decisão e participação. Um bom exemplo é o 5º conceito, o "direito de apelação", cujo intuito é assegurar que a minoria seja cuidadosamente levada em conta.

[...] Por exemplo, numa votação em que nove votam a favor de algo e um vota contra, a irmandade faz questão de não deixar esse um se sentir excluído. A sugestão é explicar sua posição de outra forma. O grupo verá se há uma margem de dúvida e se vale a pena mudar de ideia a respeito da votação.[26]

Já os lemas funcionam como orientadores, em momentos cruciais, para uma atitude desejável – são sete ao todo (veja o Anexo 3). Uma integrante do Grupo Mada exemplifica:

Os lemas pra mim são posturas que assumo [...]e me ajudam a não me perder. O lema mais importante. [...] é o famoso "só por hoje". Só por hoje eu faço o que é bom pra mim, e não o que a doença quer que eu faça. [...].[27]

Cada grupo adapta os lemas em função do tipo de compulsão. Enquanto para os alcoólicos anônimos o primeiro lema é "evite o primeiro gole", para o Al-Anon (composto por grupo de familiares e amigos de alcoólicos) trata-se de evitar o primeiro atrito. Os neuróticos anônimos, por sua vez, têm como primeiro lema "fazer as coisas primeiras", ou seja, analisar a situação até perceber qual deverá ser o primeiro passo a seguir.

O que se pretende, por meio da introspecção permanente, é revisitar passado e presente, ceticismos e crenças, teoria e experiência, assumindo para si a responsabilidade da própria vida. O depoimento a seguir elucida a metodologia:

> [...] essa programação de 12 passos, de 12 tradições, me ajuda a viver melhor, a ser mais amorosa primeiramente comigo mesma e com os outros [...] Vejo as pessoas que me incomodam como professores e, no fundo, acabo ficando grata.[28]

Nesse sentido, uma das propostas dos grupos inspirados no AA é enfrentar a relação consigo mesmo. Os passos oitavo e nono, por exemplo, incentivam não apenas a tomada de consciência como reparações diretas às pessoas do convívio (passado ou presente). Ou seja, "pedir-lhes, humildemente, que perdoem os nossos erros do passado"[29].

O contrato de recuperação compreende um engajamento que aproxime teoria da prática. Para tanto, além dos subsídios teóricos e da bibliografia disponível, existem diversos instrumentos que, em conjunto, contribuem com o processo de recuperação.

> [...] são as atividades que posso utilizar na hora do perrengue, ou para me prevenir dele: reuniões semanais, telefonemas para companheiros, escritos, anonimato (ser discreta a meu respeito e a respeito dos outros), amadrinhamento, literatura (saber como funciona a nossa doença é muito importante), [...] plano de ação (elaborar uma rotina de proteção) e prestação de serviço.[30]

Uma das cláusulas do contrato estipula o tempo permitido para falar durante a reunião. A entrevistada 6 acredita que os vícios precisam de limites: "Às vezes, as pessoas querem falar mais ou falar menos, mas três minutos são suficientes. [...] a vivência desses limites é importante"[31].

Vale reforçar que, durante as reuniões, não é permitida nenhuma interferência, seja aconselhamento ou comentário. O que conta é a qualidade da escuta (imparcial), das experiências alheias. "Essa escuta silenciosa é sinônimo de apoio, aceitação e respeito", afirma a entrevistada 4.[32]

Parênteses para o Deus sem nome

O ESCRITOR FRANCÊS Albert Camus retrata em seu livro *A peste* as angústias do seu tempo. Para ele, a cultura ocidental é marcada pela perda de valores, que se manifesta em sua solidão sem Deus. O homem, impotente diante de circunstâncias que não pode mudar, vive – com resignação – um dia de cada vez.

Freud e Jung, inicialmente muito próximos, atravessaram fases de estranhamento por divergências conceituais. Um dos embates diz respeito à religião. Enquanto Freud a considerava uma neurose de natureza infantil, estando seus rituais impregnados de culpa e remorso (devido à morte do pai), Jung acreditava em algo além da razão. A religião, encarada como um caminho terapêutico rumo ao equilíbrio, é um processo de desenvolvimento constante da personalidade psíquica. Deus enquanto arquétipo, concebido como realidade psíquica, pertence ao nível mais profundo da mente inconsciente – o inconsciente coletivo.

Para o filósofo Michael Palmer, não se trata de uma questão de sublimação religiosa da libido, mas de um desequilíbrio energético que impede a integração das partes conscientes e inconscientes da personalidade. A religião é entendida, assim, como "um processo terapêutico no qual o indivíduo busca o autoconhecimento, a autorregulação e a autorrealização".[33]

Para melhor compreender os fundamentos da recuperação nos grupos conhecidos sob o rótulo de "anônimos" (mulheres que amam demais, alcoolistas, tabagistas, codependentes etc.), é preciso mencionar o papel decisivo da espiritualidade na criação do grupo original do AA. Aqui, vale mencionar a troca de correspondência entre Sr. William G. Wilson, um dos fundadores do AA, e Carl Gustav Jung, ocorrida em janeiro de 1961. A carta enfatiza o papel da espiritualidade na conversão dos fundadores.

Jung compara a avidez do álcool ao baixo nível de anseio do indivíduo por completude – que, na visão medieval, equivaleria à união com Deus –, sugerindo ainda que, entre os caminhos possíveis para facilitar tal experiência, o AA escolhera o melhor.

Diante da desesperança de tratar o alcoolismo com ciência, da qual o próprio Jung compartilha, Wilson fundamenta a proposta do AA em suas experiências espirituais, vistas como transformadoras:

> [Percebi] que a maioria das experiências de conversão, seja qual for sua variedade, tem um denominador comum no colapso profundo do ego. A pessoa enfrenta um dilema impossível.[34]

A entrevistada 8 considera a espiritualidade o caminho do equilíbrio e/ou a única saída para quem chegou ao limite:

> Como eles dizem aqui, e é um ditado muito bom, "igreja é pra quem quer um lugar no céu, mas espiritualidade é somente para quem esteve no inferno". Eu vim do inferno. Por isso, não vou deixar de vir. Prezo muito o equilíbrio que eu tenho hoje.[35]

O Deus sem nome é um dos conceitos básicos do AA e de seus correlatos:

"Decidimos entregar nossa vontade e nossa vida aos cuidados de Deus, como nós o concebíamos." Ou seja, cada pessoa tem a liberdade de escolher sua concepção particular de um poder superior para, assim, garantir o processo de recuperação.[36]

Para o filósofo Immanuel Kant, que muito influenciou o modo ocidental de pensar no século XX, "a afirmação da existência de Deus pode cumprir uma função reguladora no comportamento humano"[37]. O estímulo à espiritualidade, dentro dos grupos oriundos do AA, está a serviço do autoconhecimento. As pessoas acabam redefinindo o conceito de espiritualidade – é o que declaram as entrevistadas 6 e 3, respectivamente:

[...] tem alguma coisa de Deus ali. É um grupo que não se cobra e, de alguma forma, tem uma energia amorosa e espiritual. Tem a oração da serenidade. [...] uma relação de amor e apoio, e eu sentia que as pessoas que estavam lá compreendiam porque tinham a mesma questão.

[...] Quando cheguei ao grupo, o pessoal me falou: "Você escolhe o poder superior, mas tem que ser alguma coisa externa a você, fora do seu controle". Pensei no meu inconsciente [...] Não consigo chamar isso de Deus porque não associo muito esse Deus ao Deus comum das pessoas. Mas sinto que não estou sozinha, não estou à mercê.[38]

Daí o programa de recuperação fundamentar-se, igualmente, em princípios "espirituais" (veja o Anexo 4). No que diz respeito, por exemplo, ao primeiro passo, a ênfase está na autoaceitação: "Admitimos que éramos impotentes perante o álcool – que tínhamos perdido o domínio sobre a vida". O princípio espiritual aqui é a *honestidade*. Enquanto a primeira tradição enfatiza o bem-estar em primeiro lugar, **a reabilitação individual é condicionada à unidade do grupo.** Com base em tais premissas, as práticas e estratégias desses grupos objetivam reforçar a responsabilidade individual e intransferível do processo de recuperação. Todo depoimento elucida as escolhas, o melhor e o mais vulnerável de cada um, sobretudo, o compromisso – individual e coletivo – de transformação, ainda que seja "só por um dia".

[...] A prática da vida é não viver preconceituosamente. Todos são frágeis e iguais como pessoas, e a didática da vida é o convívio humano através da palavra, na busca do entendimento e a aceitação do "como ser, como estar", reconhecendo as diferenças inevitáveis, mas sob o prisma do respeito mútuo.[39]

A frustração do fracasso

Os relatos dos entrevistados indicam os dissabores iniciais diante das várias tentativas frustradas de controlar a compulsão. Conforme expressa a entrevistada 2: "Eu não atingia o objetivo. Ficava algumas semanas [sem fumar] e sempre voltava".[40] O entrevistado 7 foi mais direto na manifestação de seus dissabores, afirmando que se sentia derrotado: "Toda vez que eu não parava, ficava nítido que o problema era muito grave. Era uma coisa da qual eu não tinha o menor controle". O entrevistado 9 vai além:

Quando você faz um projeto sozinho, se boicota, se infantiliza, quer fazer escondido de si mesmo. Porque o vício é pesado, mais forte que você. Sozinho, você não tem força suficiente. [...][41]

Entre os diferentes recursos mencionados para lidar com a compulsão – como ioga e terapia corporal –, alguns participantes fazem referência à psicoterapia individual, considerando-a insuficiente para a mudança desejada. Diante disso, a entrevistada 3 afirma que na terapia aprendeu a "mentir muito bem, a manipular muito bem o terapeuta".[42] Na mesma linha, a entrevistada 5 aponta:

> Gostava muito da terapeuta. E só. Mas nada resolveu. Como ela disse, eu achava que podia resolver tudo sozinha, sempre foi desse jeito. Por esse motivo, eu não me abria com ela e não falava dos problemas reais, então terapia nunca funcionou pra mim.[43]

Para alguns, por trás das tentativas fracassadas está também a ideia da onipotência – "sozinho eu consigo". Para outros, se o tipo de compulsão for menos aceita e mais estigmatizada pela sociedade, o isolamento social será ainda maior.

As pazes no deserto: autoaceitação

"Para estar aqui, tive de chegar ao fundo do poço" é uma frase recorrente dos entrevistados. O indivíduo demora a admitir a perda de sua autonomia diante de compulsões como álcool, jogo, drogas, comida etc. Em comum, a "virada da chave" acontece quando toma consciência da própria impotência diante de algo maior que ele.

O primeiro desafio no caminho da recuperação é atravessar o processo de aceitação. Parafraseando Carl Rogers, aceitar-se não é resignar-se ou abdicar de si mesmo. Para a psicóloga Laurinda Almeida, **ser capaz de uma mudança construti-**

va exige "autenticidade ou congruência, compreensão empática e consideração positiva incondicional"[44]. O depoimento do entrevistado 1 elucida o assunto.

> Hoje, consigo analisar muitas coisas da época em que eu bebia. Em geral elas machucam, mas ao mesmo tempo lembrar delas me fortalece. [...] Sei o que é ficar rodando sem rumo sem entender nada. Por mais que eu não admitisse: sou alcoólatra [...][45]

O encontro da sua tribo: pertencimento

UM DOS ASPECTOS relevantes da história "O patinho feio" é superar o conflito da exclusão. Mais que isso, "resistir, aguentar e procurar aquilo a que ele pertence", de acordo com Clarissa Pinkola Estés. Afinal, "descobrir com certeza qual é sua verdadeira família psíquica proporciona ao indivíduo a vitalidade e a sensação de pertencer a um todo".[46]

A reeducação depende em parte do pertencimento ao grupo, ou seja, quanto maior a identificação, maior será o sentimento de identidade.

O entrevistado 1, tendo participado de dois grupos dentro do AA, expõe a diferença marcante da segunda experiência.

> Logo no primeiro dia, fui convidado a dar o meu depoimento. Fui falando, falando, falando, quase não tive condições de falar, porque eu choro fácil. [...] Percebi que o grupo era bem diferente. Não só devido ao silêncio, mas, sobretudo, pelo respeito. A colheita era outra. **A mão era mais firme: o grupo em si, as experiências, as histórias, tudo era mais poderoso.**[47]

Em resumo, tal como afirma o entrevistado 1, o essencial é sentir-se em casa. "O grupo me acolheu e eu me senti em casa. Eu vi uma família, uma coisa real. É aconchegante, acolhedor.⁴⁸
Para a entrevistada 6, a magia do grupo preenche a necessidade de pertencer.

> O acolhimento [...] foi a minha melhor cura. Primeiro vem o acolhimento, depois a reflexão. [...] Em grupo, a força é maior do que a que você tem com um terapeuta. Porque a gente tem a necessidade humana de pertencer. E a essa necessidade os grupos atendem.⁴⁹

Aceitação implica ausência de preconceitos, acolher a história individual e respeitar as crenças religiosas de cada um. Conforme expressa a entrevistada 8, a hospitalidade incondicional determina o engajamento no processo de recuperação:

> [...] Todos me deixaram, mas quando eu entrei aqui as pessoas me disseram: "Você vai ficar limpa, a gente acredita em você". Eu nunca tinha escutado isso na vida. [...] Aqui eu era abraçada. Eu falava as coisas mais imundas do mundo, que não chegam nem aos pés do mais bonzinho aqui, porque o mais bonzinho roubou a mãe.⁵⁰

Nas palavras de Gérald Maillhiot⁵¹, para que o grupo favoreça a superação de si, é preciso haver uma integração que pressupõe acolher e aceitar a identidade de cada um. O entrevistado 1 complementa falando da sinceridade e da contribuição dos exemplos dos demais:

Aceitar sua doença exige muito esforço. Aliás, esse é o maior empecilho: admitir que é alcoólatra. Então, precisamos ser sinceros uns com os outros. O mais complicado é a pessoa se aceitar e sentir que é aceita, que faz parte do grupo. Eu necessitei do apoio do grupo e ele me ajudou muito.[52]

Vínculos tangíveis

CONTRAPONDO-SE AO ISOLAMENTO, **o grupo possibilita a construção de novos vínculos**, tornando-se o alicerce do processo de recuperação. Segundo a entrevistada 7:

> Quando três ou quatro passam a escutar, a observar você na reunião, eles começam a ser seus amigos. [...] Um amigo quer [...] superar as dificuldades com você. Se você está com medo de ir ao dentista, ele vai junto, acompanha você. [...] Eu estava muito sozinha quando cheguei aqui. Não tinha mais nada nem ninguém e, de repente, me vi cercada de pessoas que acreditam em mim para o que der e vier.[53]

Não sentir-se mais sozinho, mas inserido em um ambiente afetivo/amoroso, é a grande "mágica", de acordo com a entrevistada 4:

> Quando cheguei à reunião do Mada, o que me fez voltar foi a ultima frase: "Você não está mais sozinha". [...] No fim de cada reunião, todo mundo se abraça [...] os abraços me fazem continuar voltando. Isso é sagrado pra mim.[54]

Para ela, há também o conforto de contar incondicionalmente com alguém:

Se eu tiver passando por um problema, pode ser no feriado, no final de semana, eu posso ligar e uma companheira estará lá pra me acolher e me dar carinho – o que eu nunca tive.[55]

O amor anônimo é apontado pela entrevistada 3 como ingrediente que dá sentido à sua experiência:

Eu não preciso saber o que a pessoa é, o que ela faz da vida, para amá-la, respeitá-la e vê-la ao mesmo tempo como diferente de mim e ao mesmo tempo igual. É uma ligação amorosa.[56]

Espelho: quem sofre como eu?

UM PONTO REFORÇADO pelos entrevistados, considerado fundamental para a recuperação, é o que eles denominam "terapia do espelho": enxergar-se no outro e conectar-se aos próprios sentimentos como se mirasse um espelho. **A identificação com o outro funciona como elo sustentador do propósito comum e acaba fortalecendo o sentimento grupal.** Para a entrevistada 6, a experiência reforça e renova o compromisso com a recuperação.

Você se espelha no sofrimento do outro [...],começa a identificar todos os caminhos que podem levá-lo até sua droga. [...] Esse espelhamento – tanto das pessoas que superaram quanto das que ainda estão no "inferno" – vai dando a você uma referência de pra onde se pode ir. Funciona como uma cura.[57]

Daí a importância tanto de compartilhar as experiências comuns quanto de respeitar as diferenças. Para David Zimerman, na galeria de espelhos que compõe o campo grupal,

> [...] cada um pode refletir e ser refletido nos e pelos outros. [...] Um grupo coeso e bem constituído, por si só, tomado no sentido de uma abstração, exerce uma importantíssima função, qual seja, a de ser um continente das angústias e necessidades de cada um e de todos.[58]

As pessoas servem mutuamente de espelho para tomar consciência da própria experiência. Ao compreender o que lhes causa dor/desconforto, acabam reavaliando estratégias e, por conseguinte, modificam ou amadurecem o conceito que têm de si mesmas. Essa tendência sistêmica à autorregulação, hoje preconizada pelos modernos biólogos, parece evidenciada nos grupos de ajuda mútua.

A força vem do grupo

A ENTREVISTADA 8 reconhece que o primeiro passo é "limpar a área". Nesse sentido, o grupo representa o alicerce do processo de recuperação:

> Foi muito difícil, porque o meu círculo de amizades era todo composto de viciados. [...] Hoje em dia, não tenho mais amigos fora dos Narcóticos Anônimos. Quem mudou fui eu. O mundo continua igual.[59]

A "mágica" no alcance dos objetivos é um fenômeno difícil de nomear, segundo a percepção do entrevistado 8. A única certeza é a de que a força vem do grupo:

Não sei explicar quem me ajuda, é o grupo quem faz isso. [...] Só sei que não tenho mais vontade de morrer – ao contrário, tenho vontade de viver, de brincar com os moleques, de estar com a minha mulher, os meus amigos, de trabalhar e ganhar dinheiro.[60]

A vivência grupal promove o fortalecimento do indivíduo para a vida "lá fora". O grupo transforma-se em um laboratório de experiências para aprender a lidar com as frustrações e as diferenças. A importância de ter um lugar seguro para voltar também foi pontuada pelos entrevistados.

Na visão de Kurt Lewin, uma das conquistas incontestáveis dos Alcoólicos Anônimos é auxiliar o viciado a deixar o álcool por meio de "algo grande, substancial e supraindividual como a cultura de um grupo".[61] Portanto, essa aculturação pode estabilizar novas crenças a ponto de manter o indivíduo imune às oscilações de estado de ânimo e aos apelos externos. Aliás, uma das tarefas básicas da reeducação é alterar estereótipos sociais inadequados. Nesse sentido, a mudança de percepção social é imprescindível para novas ações. De fato, trata-se de mudanças interdependentes – não só da estrutura cognitiva (conceitos, crenças e expectativas) como das valências e dos valores (atrações e aversões).

Quando a magia é ofuscada

FORAM LEVANTADOS ASPECTOS difíceis da dinâmica grupal. O entrevistado 1, por exemplo, abandonou o primeiro grupo de Alcoólicos Anônimos porque, segundo ele, não se identificava com o grupo. Em sua percepção, faltava veracidade nos depoimentos: "Eu não consegui me ver nas pessoas. Não havia sinceridade. Eu percebia um pouco de histórias, de conto de fadas. [...] Eu não estava atrás de fantasia, eu queria os fatos".[62] "Se você aprendeu, agora tem de ensinar" é o lema dos grupos. Por essa razão, a falta de sinceridade e de coerência entre teoria e prática nos depoimentos é apontada como desagregadora.

Se é sua função ajudar as pessoas a manter a identidade e a segurança nas escolhas que os ambientes conflituosos exigem, é preciso haver integridade. Introduzir novos valores que não sejam coerentes com outros pode aumentar o conflito interno e a fragmentação, que reduz parte da motivação que leva as pessoas ao processo de reeducação.[63]

Não prestar atenção no depoimento dos demais, bem como a crítica e o julgamento velados, são no mínimo vistos como desrespeito. O entrevistado 1 explica:

É fundamental saber ouvir e saber calar. O ruim é ouvir e sair falando, distorcendo, o leva e traz. [...] criticar impende os membros de estar juntos, agregados. O nosso papel é fazer de tudo pra aproveitar essa liga do grupo.[64]

O pulo do gato

A QUALIDADE DA escuta e do depoimento, segundo a percepção dos entrevistados, é o que define o grau de respeito e autenticidade e, por conseguinte, a identificação e o espelhamento.

Esses fatores, velados ou explícitos, afetam tanto o sentimento de pertencimento quanto a construção dos vínculos. Quando o indivíduo atende às suas necessidades, consegue integrar-se e alcançar objetivos (individuais e grupais).

Segundo Zimerman (2007), o sucesso dos grupos de ajuda recíproca tem que ver com a socialização, isto é, "cada um aprende a escutar, a transmitir mensagens verbais, a se solidarizar e, sobretudo, a aprender com as experiências similares dos colegas do grupo".[65] O depoimento da entrevistada 8 confirma essa verdade:

> Parte [do aprendizado] é escutar os outros. [...] Sozinha, não consigo ver todos os defeitos de caráter ou a obsessão decorrente da droga. Eu nego, como neguei a vida inteira. [...] Escutando os outros, eu me identifico. Eu preencho lacunas que estão tanto no outro como em mim.

E fez-se luz

EM SUMA, TUDO indica que a "mágica" no alcance de objetivos depende de fatores interdependentes: o despertar de potencialidades latentes e o encontro consigo mesmo e com o outro. Por meio do compartilhamento de histórias, é possível se conectar aos próprios sentimentos (autoempatia) e, simultaneamente, exercitar a empatia pelos demais. Contudo, a identificação – estar entre iguais – exige um ingrediente indispensável: a sinceridade na partilha.

Diante de metas antes inalcançáveis, o pré-requisito básico do sucesso é um forte sentimento grupal, que funciona como uma argamassa e, ao mesmo tempo, combustível. Os entrevistados concordam: somente em conjunto sentiram-se suficientemente encorajados e livres de compulsão.

Na contramão

O grupo confere segurança, uma espécie de continência com seus princípios éticos e normas, funcionando como consciência crítica. O caráter ritual e disciplinatório da recuperação prova sua eficácia para quem acredita em sua filosofia e a incorpora no dia a dia.

Porém, quais podem ser as consequências da falta de separação entre o grupo e a vida privada? Mesmo diante dos benefícios tangíveis dos grupos de ajuda mútua, em que medida o rigor da "irmandade" pode inibir ou restringir a autonomia no pensar e agir?

Kupfer exemplifica a situação claramente: "Os grupos partem de uma fascinação imaginária provocada pela ilusão de uma semelhança que une seus elementos em torno do fato de serem todos iguais em seu sofrimento".[66]

O grau de dependência em relação ao "grupo salvador" que sabe acolher o sofrimento acaba sendo uma alavanca para o processo de recuperação. Mas como seria se a dinâmica grupal também permitisse emergir a diferença? De que maneira acolher e confiar em uma existência criativa e autônoma que desse lugar a múltiplas possibilidades?

Diante da tendência global à descentralização, os grupos de ajuda mútua comprovam sua eficácia e, ao mesmo tempo, indicam quanto ainda se caminha na contramão. Assim, abrem-se portas para futuras experiências que persigam modelos de rede e de autoiniciativa.

A mágica grupal

- resgate das potencialidades;
- encontro consigo (autoempatia) e com o outro (empatia pelos demais);
- partilha sincera das histórias;
- forte sentimento grupal.

Ideologia da ação

Capítulo V

Impregnar-se e colocar a mão na massa

Promover mudanças e deparar com resistências naturais são desafios de toda equipe, em qualquer contexto. O psicólogo israelense Daniel Kahneman, em seu livro *Rápido e devagar: duas formas de pensar*[67], discorre sobre a tendência à recusa de novos jeitos de olhar o mundo. Para ele, nosso cérebro confunde o que é familiar com o que é correto. Basta a sensação de que algo é conhecido para haver uma prévia aprovação. Do mesmo modo, o "novo", decodificado como desconhecido ou incerto, é não fiável.

Inovação é a necessidade irrefutável da pós-modernidade e requer um ambiente propício à criatividade das pessoas. O problema é que ninguém sabe muito bem o que isso significa na prática. É notório que ainda se privilegiam a capacidade intelectual, a quantidade de informações armazenadas e o raciocínio lógico-matemático, funções do hemisfério esquerdo do cérebro. **Enquanto os avanços tecnológicos são supervalorizados, a criatividade, reprimida por uma normose machista, acaba atrofiada.**

Então, o grande desafio é a mudança cultural. Uma cultura de inovação exige valores e atitudes condizentes, demanda traduzir em miúdos o comportamento inovador. O que faz uma pessoa inovadora? Como se comporta um gestor de ideias? De que maneira fomentar a geração de ideias em grupo? O primeiro passo é adotar uma atitude responsável para romper as resistências e propor, incansavelmente, um olhar de descoberta sobre a realidade.

Kurt Lewin sinalizou, no início nos anos 1940, que novos valores poderiam promover uma alteração de comportamento. Assim, inovação precisa ser um valor que inspire o *como* fazer as coisas para atingir resultados. Por outro lado, o autor enfatizava que novos padrões de ação, indiretamente, estimulam uma mudança mais efetiva dos valores. Ou seja, você precisa ser o exemplo da mudança que quer no mundo.

Embora seja verdade que a mudança de valores conduz finalmente a uma mudança de conduta social, é igualmente certo que as mudanças de padrões de ação e da vida real do grupo mudarão os valores culturais. Provavelmente, é mais profunda e permanente essa mudança indireta de valores culturais que as mudanças diretas de valores pela propaganda.[68]

De toda maneira, mudanças significativas exigem a sustentação oferecida pelo consciente e inconsciente grupal. Para Lewin, quanto mais elevados forem os objetivos e padrões do grupo, maiores são as chances de o indivíduo se esforçar e elevar as próprias metas.

Os experimentos com universitários provam que, se são baixos os padrões de um grupo, um indivíduo reduzirá seus esforços e colocará seus objetivos muito abaixo dos que poderia atingir. Por outro lado, elevará seus objetivos se os padrões do grupo forem elevados. Em outras palavras, tanto os ideais quanto a ação de um indivíduo dependem do grupo a que pertença e dos objetivos e expectativas desse grupo. Portanto, fica bem claro que o problema do moral individual é, em grande parte, um problema social e psicológico de objetivos e padrões grupais, mesmo naqueles campos em que a pessoa parece antes perseguir objetivos individuais que grupais.[69]

Desconstruir o "alinhamento"

Lembro-me de um CEO, cliente de uma empresa de porte médio da área de serviços, que se lastimava repetidas vezes: "Minha equipe (alta liderança) só pensa dentro da caixa". E ele tinha razão. Presenciei uma reunião, em particular, na qual ficou bem nítido o movimento: diante de uma proposta ou ideia, um porta-voz da resistência do grupo bradava críticas. De vez em quando, um colaborador mais jovem tateava o terreno para trazer um olhar discordante, mas era imediata e duramente enquadrado: "Você está enganado, cara". Sucessivas vezes, havia um controle do "diferente" para assegurar o padrão de coesão da mentalidade grupal.

Diante desse padrão de concordância acerca de qualquer assunto, formulei a hipótese de que, toda vez que um questionamento ou opinião divergente era colocado no grupo, o próprio CEO era o primeiro a inspirar a "normose". Quer dizer, dava um jeito de evitar desvios: **você pode pensar diferente "desde que"**... Porém, quando se condiciona o pensamento divergente, ele se torna convergente. Impedir as pessoas de exprimir suas discordâncias ou pensar de forma dialética supervaloriza a homogeneidade e, por conseguinte, acaba "pasteurizando" qualquer organização. Sempre que o CEO estava ausente, alguém assumia o papel de normatizador.

O mais interessante era o empenho decidido desse CEO ao encarar os desafios de educação corporativa. Seus projetos esbanjavam criatividade, assegurando, mesmo que intuitivamente, uma trilha segura para a gestão do conhecimento. O tendão de aquiles referia-se aos temas que permaneciam em segundo plano (cargos e salários, gestão de competência etc.). As contradições convivem com as melhores intenções – que, por sua vez, não bastam na hora de colocar ordem na casa.

A quantidade de assuntos tabu dentro de uma equipe é sempre proporcional à "radio peão", às fofocas de corredor. Talvez você não tenha, como líder, condições imediatas de interceder a favor de mudanças na política de cargos e salários, mas impedir que as pessoas falem a respeito gera ainda mais insatisfação que conversar abertamente sobre limites reais. Vale lembrar que a criatividade das pessoas está intimamente relacionada à qualidade dos relacionamentos. Em outras palavras, **o somatório de não ditos ou de conflitos velados acaba funcionando como um sabotador silencioso da motivação.** Se existe uma conexão clara entre moral individual e grupal, o contrário também é certo: quanto maior a transparência, maior a adesão ao projeto da equipe.

O líder, desse modo, deve dar o exemplo em tudo e no mínimo que fizer. Se quer inovação, precisa apostar em uma visão suficientemente mobilizadora e implantar uma política dialógica – sem restrições. Isso implica aceitar dissonâncias, opiniões de toda ordem. As pessoas só não podem discordar dos rumos estratégicos, daí a importância de escutá-las e envolvê-las nas decisões a fim de garantir seu engajamento. E, claro, acolher as diferenças como contribuições inestimáveis.

Dessa forma, uma premissa sabotadora da criatividade – logo, da inovação – é o tal alinhamento. Parece que a condição de pertencer à equipe e ser reconhecido nela é pensar exatamente como o grupo. Mas se a inovação depende do respeito ao peculiar e ao diverso, por onde começar? Desconstruindo palavras, e "alinhamento" é uma delas. O que o termo significa exatamente? Chegar a um consenso? Unanimidade de opinião? Isso é efeito, como se verá mais adiante, da normose: emburrecer as pessoas até pensarem de maneira homogênea. Se faltam estímulos à criatividade individual, pior ainda é o olhar corporativo diante da gestão coletiva de ideias, encarado como um tema abstrato, atribuído somente ao departamento de marketing. **Embora se fale tanto do** conceito de redes, estamos a mil léguas de distância de uma cultura que privilegie a colaboração criativa.

Desconstruir a "normose"

A CIDADANIA GLOBAL requer a compreensão da multiculturalidade, o reconhecimento da interdependência com o meio em todas as dimensões. Porém, em algumas empresas, a integração ainda se reduz a ações pontuais. Encarada como processo, raramente é reconhecida como sistema pulmonar da gestão de pessoas.

O conhecimento tácito da cultura (e do desenvolvimento dos grupos) é de tal forma inconsciente que mensagens subliminares reforçam, por exemplo, o medo da exclusão. A crença subjacente é a de que a homogeneização garante tanto a necessidade de pertença quanto maior produtividade. Segundo Lewin, ao contrário, é justamente a diversidade (e não a homogeneidade) que determina a coesão. Nesse sentido, quanto mais coeso for o grupo, maior a probabilidade de as pessoas seguirem normas e perseguirem, com avidez, a realização dos objetivos.

Já Moreno, pai do psicodrama, considera que estar ajustado ou adaptado não é sintoma de convivência saudável. Para ele, diante de determinada situação, as condições ideais de integração pressupõem a espontaneidade como única resposta saudável e adequada. Ou seja, **o indivíduo devidamente integrado é aquele capaz de oferecer uma resposta espontânea.** Daí afirmar que o adoecimento emocional, refletido nas relações, é decorrente do adormecimento da espontaneidade e da criatividade. É o que o saudoso psiquiatra e psicoterapeuta José Angelo Gaiarsa chamava de "normopatia".

O termo "normose" foi criado pelos pensadores Roberto Crema, Pierre Weil e Jean-Yves Leloup[70]. Trata-se de um conjunto de hábitos que, embora considerados normais pelo consenso social, demonstram efeitos nefastos e até mesmo patogênicos. Para os autores, cada pessoa tem a missão intransferível de fazer florescer seus talentos e dons. O "normótico" procura, a todo custo, ser como os demais, em detrimento da própria vocação.

A filosofia do Google, sediado na Califórnia, é um exemplo clássico de liberdade individual para que cada funcionário desenvolva projetos à empresa com total autonomia. Trata-se de uma tentativa de neutralizar a tendência da "pasteurização", imprimindo uma atmosfera criativa para que as pessoas deem o melhor de si: sua criatividade.

Assim, a **coesão grupal, embora necessária na sustentação dos pilares estratégicos e na consecução das metas, jamais deve solapar a diversidade de ideias.** Daí a importância de questionar a velha crença na homogeneidade – que muitas vezes, levada ao extremo, transforma-se na "pasteurização da conformidade". Afinal, **atuar e pensar em rede significam, sobretudo, inspirar a colaboração criativa.** Ideias divergentes geram outras ainda melhores. Em vez do egocentrismo, deve-se potencializar o brilho de cada indivíduo que ressoa e amplifica a potência grupal.

Desconstruir o faz de conta

REUNIR, DO DIA para a noite, pessoas que devem conviver umas com as outras exige, no mínimo, mudanças em convicções e orientação de valor. Caso as ideias de Lewin estejam certas, o primeiro passo é mudar a percepção de si e da situação para alcançar uma mudança na conduta.

Vale relembrar que na década de 1940 o autor já se perguntava de que maneira se deveria reeducar o indivíduo, orientá-lo por meio de normas e aproximá-lo da realidade. Partindo da premissa de que o homem está sempre sujeito às pressões do normal e do anormal, do verdadeiro ou do falso, do certo ou do errado, Lewin chegou à conclusão de que preconceitos e ilusões se constituem da mesma maneira que as percepções sociais realistas.

Assim, toda reeducação é

> um processo em que as mudanças de conhecimento e crenças, [...] de valores e padrões, [...] de ligações e necessidades emocionais e [...] da conduta cotidiana não ocorrem aos poucos nem independentemente umas das outras, mas dentro do quadro da vida total do indivíduo no grupo.[71]

Entre as inúmeras ambiguidades com que se deve confrontar ao longo do processo, destacam-se, por exemplo, a lacuna existente entre a maneira *como me devo sentir* (superego) e a maneira *como de fato me sinto* (ego). **Não adianta adquirir o sistema oficial de valores ou padronizar o discurso sem mudar – efetivamente – sentimento e conduta.**

O exemplo clássico é o do *feedback*, que só será efetivo quando o líder admitir tratar-se de um processo de reeducação e de mudança cultural com repercussões diretas tanto no seu desenvolvimento quanto em seus grupos de convivência. Porém, enquanto ele não confrontar as próprias resistências e mudar sentimento e conduta, a mudança não ocorrerá de fato.

O processo de mudança cultural afeta não apenas a rotina em si (ou itens isolados), mas o sistema como um todo. O inverso também é real: o indivíduo pode aparentemente adiar transgressões, mas tende a torná-las mais violentas quando ocorrem, de acordo com Lewin. A solução está no engajamento voluntário e integral. Isso facilita a assimilação não apenas do novo sistema de valores e crenças como da ideologia de ação que fortalece os indivíduos e, portanto, o grupo.

Revisitar a confiança

O MODO COMO se encaram os desafios do desenvolvimento e a gestão de ideias, pessoas e talentos sempre parte, no mínimo, de crenças e visões de mundo. Alguns teóricos servem de inspiração e nos ajudam a revisitar esse manancial submerso de vetores, mais ou menos conscientes, que determinam nossas escolhas. Carl Rogers, da escola humanista, é um deles. Sua premissa básica é a de que existe uma tendência natural do homem a expandir-se, tornar-se autônomo, ativar potencialidades inatas e manifestá-las.

Da ótica do autor, o clima grupal pode contribuir com o desenvolvimento de seus integrantes desde que exista confiança, considerada o pilar da transparência entre as pessoas. Em decorrência dela, o encorajamento natural da expressão de sentimentos (positivos ou negativos) aumentaria as chances de o indivíduo despertar suas possibilidades latentes de superação.

Nesse sentido, é no mínimo preocupante, no ambiente corporativo, a dificuldade tremenda de aceitar e acolher manifestações emocionais que fujam de um padrão esperado. Além disso, olhar para a metade do copo cheio, ser otimista de "carteirinha" virou febre. O risco desse padrão é "passar uma régua" que desconsidere as diferenças e a riqueza infindável da inteligência emocional.

Daí ser ainda mais preocupante o pouco tempo dedicado a construir confiança. Antes de mais nada, ao desconstruí-la, há de se pensar em comportamentos e atitudes. O que torna uma pessoa confiável? Quais são as características de um ambiente de confiança? De que maneira as pessoas atuam nesse contexto? O que tenho feito para ser merecedor de confiança? Tenho contribuído para um clima de confiança mútua?

Sem sombra de dúvida, ser fiel e honesto consigo mesmo é condição para a transparência. Isso significa expressar opiniões e sentimentos e organizar o autorrespeito com base na coerência interna. Portanto, revisitar os próprios sentimentos, aprender com eles é uma alavanca de superação e crescimento.

Max Pagés vislumbra entre os membros de um grupo essa mesma visão positiva de acreditar em algo inato que possibilita ao indivíduo dirigir sua vida. Além disso, reconhece tanto os sentimentos individuais como os grupais. Para o autor, por meio da vida afetiva transitam mensagens conscientes ou inconscientes. À proporção que o indivíduo reconhece e abarca as experiências negativas, "o grupo torna-se, então, uma cooperativa de reeducação mútua".[72]

Ou seja, **a grande aprendizagem começa ao confrontar a própria incomunicabilidade decorrente das diferenças**. Passa também por admitir o lado efêmero dos vínculos e a angústia da separação quase iminente. Desse modo, descobre-se que os relacionamentos podem sobreviver.

Reconhecer os sentimentos individuais e grupais é um chamado à autenticidade, que, para Lewin (citado por Mailhot), aumenta a coesão e a solidariedade.

[...] desde que consentiram em dialogar tomaram consciência de que suas relações interpessoais, aparentemente confiantes e positivas, eram de fato inautênticas [...]. Não somente existia entre eles e neles fontes insuspeitáveis de bloqueios, mas estes bloqueios, criando zonas de silêncio, comprometiam as próprias comunicações [...] em virtude de não serem preparadas num clima de confiança.[73]

Ou seja, por trás das aparências, quando tudo parece perfeito, as zonas insuspeitáveis de insatisfação e silêncio apontam o ingrediente indispensável ao relacionamento interpessoal: a confiança. Confiança que é também aceitar sentimentos dissonantes e administrar conflitos. Ao contrário, devido à falta de confiança, quando os bloqueios de comunicação se cristalizam, esses sentimentos acabam se transformando em preconceitos e se manifestam por meio de críticas/julgamentos.

Em outras palavras, quanto menor a barreira ou o bloqueio, maiores as chances de diálogo aberto e franco. A eficiência grupal depende da integração entre as pessoas, estando diretamente relacionada ao clima de confiança construído com base na autenticidade da comunicação. Isso permite transitar no mundo afetivo para resgatar o que Pagés denominava "solidariedade ativa" em prol do projeto de autogestão inconsciente dentro do grupo.

Dessa forma, a solidariedade é responsável, direta e indiretamente, pela potencialização – pessoal e coletiva – do vir a ser.

Vir a ser no mundo linguístico

UMA CONSTANTE AMEAÇA ao princípio da realidade, segundo a corrente freudiana, deve-se ao fato de o homem ser movido pelo princípio do prazer, por suas pulsões. Como abandonar o caos? Segundo Freud, o primeiro passo é nomear as coisas.

Freud vai tecendo a ideia de que é no passado da sua mitologia particular que o homem sai do caos e começa a nomear o mundo. O mito tem o seu lugar no passado, e é por ele que podemos entender as coisas e nomeá-las. Quando se nomeiam as coisas, deixa-se o caos e encontra-se, dentro do aparato psíquico, lugar das pulsões, lugar da fala. [...].[74]

O pedagogo Paulo Freire acreditava na libertação do homem pela palavra. Para ele, esta daria um novo significado à realidade interior dos educandos e, ao mesmo tempo, permitiria a eles apropriar-se de sua história de vida.

O que é o diálogo? É uma relação horizontal de A com B. Nasce de uma matriz crítica e gera criticidade. Nutre-se do amor, da humanidade, da esperança, da fé, da confiança. Por isso, só o diálogo comunica. E, quando os dois polos do diálogo se ligam assim, com amor, com esperança, com fé um no outro, se fazem críticos na busca de algo. Instala-se, então, uma relação de simpatia entre ambos.[75]

Jacques Lacan, por sua vez, contrário à ideia de que a linguagem expressa o pensamento, afirma que ela na verdade o constitui.

[A relação de linguagem] ensinou-nos que o ego nunca é apenas o sujeito, que ele é essencialmente relação com o outro, que ele toma seu ponto de partida e de apoio no outro. É a partir deste ego que todos os objetos são olhados, para além da relação imaginária onde o outro está ausente e onde aparentemente toda intersubjetividade se dissolve.[76]

O autor dá destaque à compreensão estruturalista de como o inconsciente discursa. A palavra, em vez de estar a serviço do ego para disciplinar e reger o Id, traz consciência ao pensamento porque dá significado às coisas. Por meio de um sistema de significados, a palavra dissemina a consciência. Assim, esta começa com a palavra. Daí fazer tanto sentido a máxima: "No princípio era o verbo". Para Echevarría,

a linguagem não é um personagem menor através da qual a consciência se expressa; ao contrário, ela se torna protagonista de uma compreensão radicalmente diferente da natureza humana.[77]

Maillhiot enfatiza a importância da liberdade de expressão no respeito ao outro. "Então, e somente então, toda relação humana se tornará [...] o encontro de um tu e de um eu.[78] Da perspectiva de Maturana e Varela, a linguagem empodera o homem. Em vez de permitir dizer quem somos, ela é a transformação, ou seja, o vir a ser do mundo linguístico que construímos com os demais. Como diria Rafael Echeverría, "de todas as coisas que os seres humanos podem criar, nada está acima de sua capacidade de participar da criação da própria vida"[79].

Nesse sentido, o compartilhamento de histórias é um fenômeno social que repercute no grupo e, ao mesmo tempo, um fenômeno comunicativo de empoderamento que traz luz à construção da própria história. **É na experiência da linguagem que acontece a solidariedade: a partilha e a esperança no vir a ser.**

[O nascimento do homem espiritual] acontece quando, no nível do coração, você desperta para a compaixão, o sofrimento partilhado: participação efetiva no sofrimento de outra pessoa. É o início da humanidade. E as meditações religiosas, apropriadamente, se localizam neste nível, o nível do coração.[80]

A ponta do iceberg: cases de integração

Capítulo VI

Tudo depende de pessoas

O CENÁRIO ATUAL é de constantes mudanças, avanços tecnológicos e forte necessidade de inovação. As empresas abrem caminho para fusões e aquisições, reunindo pessoas e equipes de diversas culturas. É preciso estar apto a dialogar com múltiplos códigos, símbolos e comportamentos – e sempre em rede. Lidar com incertezas e, ao mesmo tempo, com surpresas da aculturação. No final das contas, **a hospitalidade incondicional desponta como salvadora das diferenças.**

Atrair, desenvolver e reter talentos na mesma proporção que os negócios tornaram-se desafios ainda mais complexos. As questões de base, no entanto, continuam as mesmas: assegurar uma cultura de valor norteada por uma perspectiva ética de futuro e pelo princípio da responsabilidade. Uma estratégia clara e simples que implica direção e, consequentemente, visão de futuro.

O desafio – recorrente – da integração

ALGUNS GAPS COMPORTAMENTAIS incidem negativamente no desempenho das equipes e, por conseguinte, no resultado dos negócios: conflitos velados de relacionamento e deficiência na comunicação interpessoal (falta de *feedback*) intra e intergrupos/áreas – portanto, problemas de integração. No universo da educação corporativa, esses pontos se destacam em diagnósticos e demandas específicas de desenvolvimento.

Por mais que se busquem novas estratégias de gestão de pessoas, o ponto nevrálgico é como motivá-las. Promover um foco compartilhado de propósito não basta. Também se fazem necessários o acolhimento da diversidade e o senso de pertencimento para sustentar o moral das equipes.

Uma vez atendidas, minimamente, as necessidades interpessoais, a confiança e a transparência delas decorrentes garantem as bases de uma cultura dialogadora. Ao traçar um paralelo entre grupos de ajuda mútua e os organizacionais, vemos que ambos têm em comum o desafio da integração.

A seguir, alguns casos reais que vivenciei como *coach* e especialista em diagnósticos para empresas.

Empresa do segmento de comunicação

MOTIVADA POR OSCILAÇÕES na posição do ranking Ibope, a liderança de uma empresa do segmento de comunicação procurou minha consultoria, a Casa da Comunicação, em 2006, para um trabalho com o público interno. A hipótese era a de que o desempenho estava sendo afetado pelos seguintes problemas:

- comunicação deficiente, que dificultava a circulação de informações;
- equipes com graus diferentes de motivação;
- dificuldades no relacionamento interpessoal.

Para ratificar ou retificar tais suposições, o primeiro passo foi a realização de uma pesquisa motivacional, realizada pela Companhia Paulista de Pesquisa de Mercado (CPPM). Utilizou-se a metodologia de dinâmicas de grupo – *role play* – com toda a equipe. A pesquisa detectou que os funcionários, embora demonstrassem um grau considerável de envolvimento, sentiam-se em um cenário de desarticulação geral, originado pelos seguintes problemas internos:

- De relacionamento/integração – distanciamento, falta de confiança, disputa de poder, falta de autonomia e de incentivo.
- De comunicação – inter e intrassetores.

Ou seja, entraves no relacionamento e na comunicação, segundo os colaboradores, refletiam-se na percepção do produto oferecido.

Diante desse quadro, promovi atividades de treinamento, tanto para o corpo diretivo como para as equipes de todas as áreas da empresa. No caso da direção, empreendi um treinamento de liderança, cujos objetivos eram os seguintes:

- falar abertamente dos conflitos e da ineficácia comportamental nos relacionamentos diários, propondo mudanças positivas;
- compreender a importância de ser proativo e da colaboração criativa na motivação das equipes;
- compartilhar uma visão de futuro e construí-lo, assumindo o poder pessoal (*empowerment*) e comprometendo-se com os resultados;
- desenvolver os recursos necessários para uma comunicação clara e assertiva, estimulando o diálogo, o fluxo de informação e a aprendizagem compartilhada.

Para equipes, promovi um treinamento de comunicação interpessoal, cujos objetivos eram:

- enxergar com clareza qualidades e pontos a melhorar, desenvolvendo autoconhecimento e autoaprendizagem;
- manter relações de confiança e colaboração, ganhando em automotivação e comprometimento;
- gerenciar conflitos, preparando os participantes para se relacionar de forma positiva com seus pares e superiores;

- praticar o processo da comunicação interpessoal: saber escutar, dialogar, respeitar as diferenças individuais, aprender a se colocar no lugar dos demais (empatia).

Foram 124 horas de treinamento distribuídas em cinco meses, incluindo treinamento em subgrupos e acompanhamento. Cerca de 90 pessoas participaram do processo.

Ninguém melhor para falar de resultados do que os próprios participantes. Assim, transcrevem-se alguns exemplos, todos oriundos dos líderes.

> As sementes plantadas pela Casa da Comunicação no nosso time foram profícuas. Não foi um trabalho passageiro. [...] Quando olho pra trás, parece mágica. Antes, era como aquela brincadeira de telefone sem fio, sabe? Um falava uma coisa e o outro lá na frente entendia completamente diferente. [...] Aprendi a me comunicar com clareza, a sustentar minha garra para mudar. Aprendi a pedir ajuda, a ouvir e a agir. A criatividade voltou! [...] Agora, cada um brilha do seu jeito, e a união de todos é um holofote que não tem tamanho.

> Quando começamos o treinamento, estávamos em um momento muito complicado em relação à comunicação interna e ao clima entre os funcionários. A insatisfação era grande, mas conseguimos reverter o processo. Aprendi a me relacionar melhor com as pessoas que trabalham comigo. Eu falhava muito no *feedback*. Eu pensava em solucionar os problemas de cada um, mas só falava com as pessoas quando a solução era encontrada e, nesse intervalo, elas ficavam sem saber o que estava acontecendo. Tenho certeza de que foi a melhor coisa que podíamos ter feito. [...] Espero que estejamos à altura da responsabilidade que nos cabe a partir de agora.

> O treinamento na Casa da Comunicação serviu para que eu fizesse uma descoberta: sou "mulher de malandro"! Nunca tomei tanto tapa na cara e gostei tanto.

Certo dia, um cara egocêntrico, hiperconfiante, arrogante e inflamável entrou na Casa de Comunicação completamente incrédulo. "O que estou fazendo aqui, no meio desta maluquice?", pensei. Hoje, sei bem o que fui fazer lá: aprender a ser alguém muito melhor do que era.

Tudo começou como obrigação e terminou como alegria. O treinamento, pra mim, foi um divisor de águas na carreira. [...] A mudança no relacionamento entre as pessoas do meu departamento foi radical. O clima é de amizade, alegria, criatividade e muita seriedade profissional, apesar de a equipe ser bastante jovem. Todas as arestas que havia foram devidamente aparadas. [...] É sempre bom lembrar a única certeza que a gente tem na vida: nada sabemos além da própria ignorância. E isso tem muito que ver com a humildade, virtude rara entre profissionais de comunicação. E humildade também tem que ver com valores: e foram tantos que a gente aprendeu a cultivar!

O curso foi muito bom e mudou minha maneira de ver algumas coisas. Foi importante conhecer as pessoas que trabalham comigo há anos e eu mal conhecia. Aprendi a ter mais paciência com as situações vividas diariamente. [...] Os valores agregados à nossa dinâmica foram: melhor substancial do clima interno, união das pessoas, comprometimento, relacionamento... Enfim, todos agora estão remando para o mesmo lado.

Na questão coorporativa, o treinamento da Casa da Comunicação trouxe grande melhoria na comunicação entre departamentos e aproximação com qualidade de relacionamento, ressaltando sempre a metade do copo cheio das pessoas. Também nos auxiliou a quebrar paradigmas, encorajando-nos a implantar as mudanças necessárias. Na questão pessoal, despertou-me para sair do piloto automático, humanizou todas as minhas relações e auxiliou-me na questão da flexibilização, mostrando que é possível ser firme sem necessariamente ser duro.

Empresa do setor de serviços

INTERESSADA EM INVESTIGAR os resultados das iniciativas de comunicação desenvolvidas durante o ano anterior, a área de comunicação interna queria entender por que, embora os veículos recebessem uma excelente avaliação, a comunicação não fluía dentro da unidade. A hipótese era a de que a comunicação da liderança fosse ineficaz.

O método foi o qualitativo, combinando entrevistas pessoais e dinâmicas de grupo, ambas com roteiro adaptado por público-alvo. Realizaram-se cinco entrevistas com representantes dos líderes e duas dinâmicas de grupo com cerca de 30 representantes dos funcionários, sorteados aleatoriamente.

A pesquisa detectou descontentamento nos seguintes aspectos:

- falta de *feedback*, de informações relevantes;
- competição entre os próprios gerentes, o que acabava prejudicando o relacionamento entre as equipes;
- falta de colaboração entre as áreas.

Na verdade, os funcionários pediam relacionamento e comunicação. Os líderes, por sua vez, reconheciam que a empresa, com uma nova diretoria e uma nova política de "portas abertas" – em que o acesso aos líderes era facilitado –, trouxe uma mudança significativa na cultura da corporação. O exemplo do presidente e do superintendente, que circulavam muito mais pelos corredores, contagiou líderes, evidenciando a importância de que eles se aproximassem dos colaboradores.

Contudo, faltava aos gerentes uma visão compartilhada sobre a importância da comunicação como ferramenta estratégica. Para eles, bem como para os funcionários, os aspectos positivos referiam-se sobretudo à comunicação formal, ou seja: aos canais de comunicação. Por outro lado, os aspectos negativos diziam respeito, essencialmente, à qualidade da comunicação interpessoal, ainda que não caracterizados como tal. A maioria admitia que a competição entre gerentes gerava ruídos no repasse de informação e na transmissão de conhecimento, promovendo efeitos indesejáveis entre as equipes. O que não estava claro entre os gerentes, muito menos entre suas equipes, era justamente o conceito de interdependência – ou seja, do espírito de time.

Alguns aspectos teriam de ser ressaltados:

- a necessidade de prestar atenção na qualidade da comunicação interpessoal;
- a relevância de programas de educação focados na competência e na habilidade de comunicação (interpessoal, escrita e verbal);
- a importância de incorporar ao ambiente corporativo os conceitos de interdependência e de espírito de equipe.

Assim, a Casa da Comunicação encarregou-se de disseminar o tema da comunicação ética e eficaz entre a liderança, objetivando revitalizar e nortear as decisões, as atitudes e a comunicação pelos valores éticos da companhia. O desafio maior era injetar no DNA da empresa o espírito de equipe. Por isso, decidimos reunir na sala de treinamento gerentes, supervisores e encarregados.

Já durante o primeiro encontro, que contou com o superintendente da unidade, recebemos a orientação de enfatizar, sobretudo, a gestão dos valores. Ele reconhecera na ocasião que, sem essa base sedimentada, pouco avançariam. Seu incômodo maior foi dar-se conta de que os valores desejáveis organizacionais ainda não haviam sido devidamente incorporados na gestão de pessoas. Madrugada adentro, o desafio era claro: se os *gaps* comportamentais denotavam, sobretudo, falta de integração, como garantir uma mudança desejável? Sugerimos, então, engajar todo o time em torno dos pontos que necessitavam de um olhar atento. Como os funcionários formavam as famosas "panelinhas" e encarregados e gerentes pouco sentavam juntos, optamos pelo efeito surpresa. Cada participante escolhia, entre os temas que mereciam atenção, aquele que o mobilizasse mais internamente. Eram cinco temas divididos entre 15 participantes. Desse modo, cada turma passava pelo mesmo processo de escolha. No final da maratona de aprendizado, os líderes, organizados de acordo com os temas de interesse, durante um ano, participaram de comitês com a missão de desenvolver e implantar planos de ação e melhoria relacionados aos temas a seguir:

- *feedback*;
- e-mail;
- reuniões;
- integração;
- ética.

Cada comitê aprofundou o levantamento das queixas, propondo soluções a todas as questões levantadas. O grande diferencial, sem dúvida, foi a integração da liderança. Escutar uns aos outros e mobilizar esforços conjuntos propiciaram a mudança comportamental necessária para que as transformações culturais se efetivassem. A melhor forma de integrar as equipes e, portanto, de motivá-las foi dar o exemplo.

Desse modo, o comitê de e-mail, por exemplo, discutiu exaustivamente como regular o uso da ferramenta e diminuir o desconforto das enxurradas de mensagens nas quais todos eram copiados indiscriminadamente. As reuniões patinavam sem foco, causando outro tanto de insatisfação. Urgia ainda mais resolver a questão do *feedback*. Em geral, tudo vinha pronto, mas os comitês passaram a exigir que os colaboradores revissem suas práticas e se colocassem uns no lugar dos outros.

Isso dito, por vezes os comitês patinaram, perderam-se nas tarefas; às vezes, persistia a sensação de que pouco avançavam ou, pior ainda, o receio de que tudo "acabasse em pizza". De todas as mudanças sugeridas e implantadas pelos comitês, as ações de integração foram as que produziram maior efeito e adesão. Mesmo que nem todos comparecessem às reuniões, brotava entre eles a possibilidade de maior confiança. A necessidade de *feedback* marcou igualmente essa geração de líderes.

O mais interessante é que, tão acostumados a priorizar o fazer, os depoimentos pessoais, eles enfatizaram sobretudo as descobertas pessoais: conhecer-se para conhecer os demais. Olhar-se para ser capaz de enxergar o outro. Resgatar os próprios valores.

Impossível esquecer a gratidão dos encarregados porque o grupo se dispôs a escutar suas histórias – histórias que agora são nossas. E eles se lembrarão do grupo, nem que tenhamos estado juntos apenas por um dia. Eles se lembrarão dos espelhos que nos humanizam, do olho no olho, da escuta, do encontro.

Vejamos alguns depoimentos:

Nós trabalhamos nossos *gaps* com ações concretas, criamos até um comitê de ética. [...] A gente se dispôs a fazer um trabalho diferenciado, de difícil entendimento no começo, mas que depois trouxe resultados concretos e positivos.

O momento mais marcante, sem dúvida nenhuma, foi quando compartilhamos nossas experiências e histórias. Humanizar foi muito bom, assim como a questão do respeito.

Uma experiência/vivência enriquecedora. Percebi que deixei de lado os valores mais importantes – as pessoas, seus sentimentos e expectativas em relação a mim como líder e chefe de família. Descobri a necessidade de propor mudanças a mim mesmo!

A vivência foi ótima. Mostrou-me como interpretar e diagnosticar os valores individuais. Abriu-me os olhos com relação a minhas deficiências e a quanto preciso melhorar. A espontaneidade e naturalidade a da consultora me fizeram sentir à vontade e participar dos trabalhos de forma plena.

O treinamento serviu para realçar a necessidade de conhecer os anseios e as angústias dos liderados. Saber ouvir, entender e dar o retorno. Criar uma base sólida para o desenvolvimento pessoal e a integração com a equipe.

Um case no ramo da indústria

NA VIRADA DO século XX para o XXI, muitas empresas se mudaram de São Paulo para o interior. Em alguns casos, pecava-se pela falta de planejamento e o translado era anunciado em cima da hora. A família permanecia na região do ABC, enquanto o homem encontrava casa e preparava o terreno para a mudança de todos. À época, a Casa da

Comunicação atendeu dois clientes no ramo da indústria. Em comum, o clima de insegurança, a insatisfação e, por conseguinte, a desmotivação das equipes.

A hipótese de um dos clientes era a de que a falta de diálogo dos líderes com suas equipes estava agravando o processo de mudança/adaptação. O programa se deu durante três meses, em encontros semanais de uma hora, abarcando turmas consecutivas de líderes e chão de fábrica.

Destacaram-se os seguintes pontos:

- somente 10% dos líderes compareciam aos encontros;
- os colaboradores reconheciam a falta de interação entre eles (brigas constantes, agressividade, falta de preocupação com as mudanças na vida pessoal dos funcionários, problemas de qualidade na linha de produção etc.);
- novas contratações de funcionários locais aumentavam a insegurança;
- falta de transparência.

O ponto de partida da demanda era a motivação das equipes, e, em consequência, o espírito de time como condição para melhorar o clima organizacional. Tampouco perdemos a perspectiva maior: a de trabalhar o conteúdo trazido por eles. **Enquanto os líderes permaneciam quase ausentes dos encontros, os colaboradores, sobretudo os de chão de fábrica – tão curiosos quanto desconfiados –, participavam ativamente.**

O foco recorrente, motor da motivação grupal, era descobrir como lidar com as oscilações do estado de ânimo e a dispersão ("minha cabeça voa e quando percebo já era"; "eu faço tudo no automático, não me dou tempo de verificar se fiz bem-feito"). Em outras palavras, era preciso compreender a dinâmica interdependente da inteligência emocional e social, como também da atenção concentrada. No dizer de um participante **"quando eu aprendo a me acalmar e a prestar atenção no que faço, consigo também ser mais tolerante com o outro"**.

À medida que os encontros avançavam, os funcionários eram capazes de falar abertamente das diferenças, inclusive apontando comportamentos considerados incômodos: "Cara, você é muito chato, pega no pé da gente o tempo todo". O clima de confiança deu um salto ainda maior quando um colaborador aproveitou a deixa e falou abertamente de sua doença: "Sou dependente químico e sei que preciso de ajuda". Nesse momento, fez-se um silêncio interminável, mas ficou claro que o grupo decidiu, em vez de julgá-lo, ampará-lo. O cara "chato" logo foi nomeado padrinho: "Eu te levo em um grupo do AA e já aviso que vou ficar no seu pé". **Naquele instante em que escutavam um ao outro, o respeito mútuo dava lugar ao acolhimento incondicional.**

A primeira turma começava às 7h. Recebíamos grupos sucessivos, de hora em hora, até a virada do turno da noite. Ao cabo de dois meses, os salários não haviam sido depositados e o estopim da revolta se deu justamente no dia e no momento em que encerrávamos a última turma da noite. Os colaboradores, revoltados, queriam quebrar as máquinas. A maioria deles estava pagando dois aluguéis até conseguir transferir a família de cidade. Outros haviam comprado a crédito nas lojas para mobiliar a casa nova. A família, ansiosa, não via a hora de se reunir. Além do atraso no pagamento, havia um agravante: ninguém fora informado da real situação da empresa. O que mais revoltava os colaboradores era a falta de transparência.

Depois de muita discussão, ficou nítido: o barco estava prestes a afundar e havia uma escolha a ser feita, cuja repercussão afetaria seus familiares e amigos. Também estava claro o direito de sair do barco, como o direito questionável de quem se prestava a afundá-lo ainda mais depressa. Em vez de quebrarem as máquinas, decidiram montar uma comissão de apoio.

No dia seguinte, propuseram à presidência um plano emergencial: rodar a empresa de maneira transversal, ouvindo cada pessoa; para cada problema ou crítica, indicariam três soluções. Em pouco tempo, mapearam todos os desvios de rota, processos ineficientes e desperdícios, entre outros. Concomitantemente, a comissão mobilizou toda a indústria, angariou sugestões de melhorias em todas as áreas e, sobretudo, repartiu esperança. Isso só foi possível graças à união, ao espírito de colaboração. Aqueles homens que tanto queriam protestar mostraram-se de grande valor.

Também convocamos uma reunião com a alta liderança. Lembro-me de que trouxeram esposas, filhos, cachorros. Era domingo e a vida parecia normal. Nosso apelo foi no sentido de abrirem os canais de comunicação e falarem abertamente. Aquelas pessoas mereciam não menos do que a transparência.

Nós também não recebemos os honorários naquele segundo mês. Decidimos, ainda assim, permanecer com eles mais 30 dias. Escolhemos não abandonar o barco. Para nós, a grande virada foi irmos além da posição ou do status. Na roda, em vez da hierarquia, o corte transversal. O engajamento genuíno que brota do diálogo entre diferentes.

Segundo a percepção dos participantes, a melhora mais evidente deu-se nos relacionamentos: na capacidade de acolher as diferenças, na integração e, portanto, na união entre eles.

O curso proporcionou-me uma maneira de identificar meus problemas, limites e qualidades, e de entender que todas as pessoas são diferentes. E que é possível conviver com as diferenças. Basta enxergar a vida através de muitos olhos.

Aprendi a desenvolver paciência. A observar e a ser observado por mim mesmo. A ouvir melhor as pessoas. A conhecer melhor meu comportamento e a ser mais tranquilo. Mas vou procurar me descobrir ainda mais.

No início, a bem da verdade, cheguei a pensar que não ia adiantar nada. Mas o tempo foi passando e às terças feiras, quando nos reuníamos, eu sempre me sentia bem comigo mesmo. Hoje posso afirmar que estou pensando muito antes de agir. Nosso ambiente de trabalho está melhorando cada vez mais e minha vida familiar também.

Com o curso, em todas as situações — seja na hora de uma discussão, de ouvir um conselho, de dar uma boa ou má notícia —, aprendi a me colocar no lugar do outro, tentar entender os porquês da situação. Talvez antes fosse mais difícil resolver os problemas por pura arrogância de uma das partes.

O treinamento nos ajudou a parar de brigar. Durante o futebol ninguém mais sai machucado. Também aprendi a escutar as pessoas antes de julgá-las.

O treinamento me fez dar valor às pequenas coisas da vida [...] Um dos grandes problemas que eu tinha era me relacionar com as pessoas, pois sou muito fechado. Hoje consigo me abrir mais e ouvir melhor. Entendi que tudo na vida tem um significado e cada um de nós faz parte de um plano. E que, se eu estiver bem comigo mesmo, tudo fica mais fácil.

O encontro que vocês nos proporcionaram fez que nos expressássemos e nos conhecêssemos melhor. Em poucas horas, senti vários tipos de emoção: vi colegas rindo, pensando, alguns ficaram com lágrimas nos olhos. Minha convivência com eles será bem melhor.[81]

Poucos líderes participaram do processo. Agarrados ao poder, esbanjavam arrogância. Enquanto estavam focados em resultados a qualquer preço, as pessoas se apressavam em remar a favor da solidariedade.

Encerrado o projeto, a empresa contratou uma auditoria. Tudo indicava um inevitável processo de falência. Passados quase dois anos, recebemos um telefonema do financeiro para acertar os atrasados. O barco remava a todo vapor...

Grupos, sempre grupos

Os GRUPOS DE FORMAÇÃO costumam ser ricos em aprendizados compartilhados. A vida sabiamente oferece um vasto panorama de situações para o crescimento mútuo – o privilégio de ver as pessoas passando por processos de aprendizado conscientes, abandonando expectativas alheias e modismos e, com maior ou menor veemência, experimentando a autenticidade.

De repente, importam menos os detalhes e mais a visão global, a relação entre fenômenos. **Em vez dos discursos prontos, uma pergunta bem-feita que convence mais que qualquer argumento. Em vez de olhar para o próprio umbigo, reconhecer no grupo porções da própria humanidade. Surge, assim, a compreensão de que os jovens têm o direito de errar e nós também, o que facilita o encontro com a própria história e com o outro.**

As teias humanas

A FALTA DE COERÊNCIA entre o discurso e a prática, as queixas veladas e as fofocas de corredor acabam minando o moral das equipes. Em vez de se falar abertamente sobre os problemas, a prioridade é deslocada para as tarefas. É comum dar mais atenção ao fazer, aos aspectos pragmáticos e mensuráveis do que àqueles intangíveis, como o relacionamento. É muito mais racional ater-se aos aspectos de estruturação do trabalho do que preocupar-se com o outro. Em resumo, é mais tranquilizador planejar, controlar, organizar e dirigir que oferecer apoio socioemocional e abrir canais de comunicação.

A mente grupal busca consenso, um padrão de comportamento ou de opinião. Dessa forma, haverá sempre um porta-voz do modo operante que pode inibir e impor o jeito "certo" de fazer as coisas. **Pensar de forma limitada alimenta a resistência à mudança, ao novo, deixa pouco espaço para a inovação.** O desafio, portanto, reside em lidar abertamente com os conflitos e com o diverso.

Ao longo do caminho, descobre-se que olhar para as relações é vislumbrar um mar de possibilidades, sobretudo a oportunidade de experienciar a solidariedade. Interessam, pois, líderes que se importem genuinamente com o potencial estratégico dos grupos e das pessoas. **Estar receptivo é atender à demanda latente e confiar na beleza instantânea do encontro – consigo e entre pessoas –, que dá novo brilho às esperanças coletivas.**

O melhor de nós brota na espontaneidade e nutre-se do espírito de cooperação. Uma cultura de inovação compreende justamente o diálogo das diferenças que constrói significados. Essa é a nova ordem do mundo pós-moderno: inovar e dialogar sem reservas, sem fronteiras.

O que mais incomoda e o que mais atrai?

LEVANTAMENTO CONDUZIDO PELA consultoria Hay Group[82] demonstrou que as prioridades em 2011, na área de Recursos Humanos, estavam relacionadas à atração e retenção de talentos, ao desenvolvimento da liderança e à gestão estratégica de desempenho. O estudo apontou que 84% das empresas não têm programas estruturados de retenção de profissionais. Nas que apresentam tais programas, 71% deles focam no curto prazo.

De acordo com a geração a que pertencem os colaboradores, os fatores que prejudicam o desempenho das tarefas podem variar:

Baby boomers	Geração X	Geração Y
Falta de liberdade de expressão e medo de retaliação	Falta de perspectiva de carreira	Percepção de salário não adequado em relação à função exercida e ao mercado
Falta de cuidado com o bem-estar	Percepção de salário não adequado em relação à função exercida	Falta de confiança nos líderes
Falta de *feedback* e acompanhamento	Falta de *feedback* e acompanhamento	Falta de estímulo a ideias e sugestões

E o que mais tem atraído os profissionais? Entre os fatores apontados, destacam-se:

- confiança na liderança e no futuro da empresa;
- transparência na comunicação;

- gestão de desempenho atrelada às oportunidades de desenvolvimento;
- oportunidades de desenvolvimento diversificadas;
- autonomia e existência de recursos de trabalho.

Sabe-se hoje que uma boa política de cargos e salários não é suficiente para reter talentos. As empresas reconhecem a importância de ter uma proposta estruturada que assegure o engajamento – o vínculo afetivo, a vontade de ir além, o entusiasmo pelo trabalho e pela organização. Para que isso se concretize, nada confere tanto peso como a liderança se importar genuinamente com o desenvolvimento das equipes e de cada pessoa. E, claro, sustentar a força grupal que move montanhas é remar a favor da diversidade.

Por que em rede e não sozinho?

EM FUNÇÃO DO dinamismo do mercado globalizado, altamente competitivo, a ideia de cooperação em rede eclodiu como resposta concreta a uma sociedade mais complexa, que precisa vencer incertezas. Alguns fatores decisivos contribuíram para disseminar o conceito: de um lado, o desenvolvimento das tecnologias de informação de comunicação (TICs) potencializou as inter-relações; de outro, o caráter interdisciplinar impactou significativamente as pesquisas.

Segundo a visão do físico austríaco Fritjof Capra, a rede é um padrão comum da vida, capaz de organizar-se:

> Onde quer que encontremos sistemas vivos organismos, partes de organismos ou comunidades de organismos podemos observar que seus componentes estão arranjados à maneira de rede. Sempre

que olhamos para a vida, olhamos para redes. [...] A primeira e mais óbvia propriedade de qualquer rede é sua não linearidade, ela se estende em todas as direções. [...] **O padrão da vida, poderíamos dizer, é um padrão de rede capaz de auto- organização.**[83]

A premissa dos atores das redes – indivíduos, empresas e organizações – é tornar-se coletivamente mais inteligentes. Ações comuns e colaborativas, ao mesmo tempo descentralizadas e autônomas, por meio de uma estreita interdependência, tornam-se mais ágeis e capazes de antecipar respostas, assegurando uma vantagem competitiva. Essa sincronia essencial depende de relacionamento, ajuda mútua e integração. Daí a necessidade de fortalecer constantemente os vínculos de confiança e a comunicação face a face.

Trata-se de garantir uma cultura de inovação que depende da gestão de conhecimento, ou seja, aprendizagem decorrente de um processo contínuo de interação. São os espaços formais e informais de disseminação e partilha de conhecimento (habilidades, experiências, emoções e know--how) que asseguram o poder inovador e, assim, a sustentabilidade da supremacia.

Dessa forma, a grande questão do mundo globalizado é: por que em rede e não sozinho? O potencial colaborativo, por meio de redes de inovação entre indivíduos e entre empresas, parece fornecer respostas mais adequadas às demandas ambientais. Em vista disso, pessoas e organizações estão interligadas por um conjunto de relacionamentos e redes que surgem, com base em elos de confiança, como uma linguagem de vínculos. É uma maneira compartilhada de interagir com a realidade, de enxergar e explorar limitações, diferenças e distintos aspectos de um problema.

Daí a relevância das redes inter e intraorganizacionais, nas quais indivíduos e equipes podem ser considerados nós de uma teia que alimenta pessoas. A eficiência e a eficácia do capital social, em consequência, dizem respeito aos processos e às dinâmicas grupais, à qualidade de relacionamento e à comunicação. Para tanto, é fundamental a troca de experiências, a disseminação de estratégias, informações e conhecimentos. Nesse sentido, por meio da integração, a empresa, entendida como um conjunto de partes inter-relacionadas e interdependentes, edifica-se, formando um todo unificado.

Em razão disso, faz-se necessário fomentar – sem descanso – as premissas básicas do desenvolvimento de uma cultura de confiança e solicitude. Em vez buscar o conhecimento apenas para si em um contexto de meras transações, promover redes colaborativas com a finalidade de alcançar objetivos complexos e inalcançáveis de maneira isolada. **O grande desafio é o estímulo à convivência.** Finalmente, responder aos – e estimular os – porquês do grupo (e não sozinho).

A ponta do iceberg

CADA INDIVÍDUO NECESSITA, diariamente, renovar seu propósito, ver reconhecidos seus esforços e celebrar suas conquistas. Sustentar uma visão com metas claras e persegui-las sem esmorecer – o que pode ser um desafio hercúleo, às vezes solitário. Daí a importância da força grupal, do clima de cumplicidade, possível graças aos vínculos solidários. Estes, por sua vez, só existem quando há transparência e confiança. Em outros termos, trata-se do estímulo ao diálogo: conhecer e dar-se a conhecer.

"Tornar-se". Nas palavras de Martin Buber, a vida é "encontro" de um indivíduo que somente ao viver em real reciprocidade com o mundo torna-se pessoa. "Sou contra indivíduos e a favor de pessoas"[84], enfatizava.

A realidade intercultural dos tempos modernos exige a **hospitalidade incondicional** preconizada por Jacques Derrida: acolher o outro enquanto outro com plena aceitação de suas diferenças (sociais, culturais, morais). Parafraseando o autor: "Um porvir sempre por vir provém justamente desse incondicional acolhimento". E, claro, se não houver vento, devemos remar a favor da solidariedade.

Notas bibliográficas

1. MAUTNER, Anna Veronica. "Solidão moderna". *Folha de S. Paulo*, São Paulo, 23 abr. 2013. Disponível em: <http://folha.com/no1266980>. Acesso em: 27 dez. 2013.
2. JEREMIAH, David. *Superando a solidão*. São Paulo: Candeia, 1992.
3. LIMA, Rosa. "Entrevista: Jan Gehl". Site do Instituto de Arquitetos do Brasil, Rio de Janeiro, 21 jun. 2012. Disponível em: <http://www.iabrj.org.br/entrevista-jan-gehl>. Acesso em: 10 mar. 2015.
4. Sinopse disponível em: <http://www.adorocinema.com/filmes/filme-112440/>. Acesso em: 10 mar. 2015.
5. BAUMAN, Zygmunt. *Medo líquido*. Rio de Janeiro: Zahar, 2008, p. 29.
6. BITTENCOURT, Renato Nunes. "Zygmunt Bauman e administração da vida na era da liquidez". *Escritos. Revista da Fundação Casa de Rui Barbosa*, ano 4, n. 4, 2010, p. 96.
7. BAUMAN, Zygmunt. *A arte da vida*. Rio de Janeiro: Zahar, 2009, p. 150-51.
8. BITTENCOURT, *op cit.*, p. 96.
9. TAVARES, Andreia. "Jovens empreendedores: o serviço de 'aluguel' de amigos pelo mundo". *Fashion Forward*, 19 nov. 2012. Disponível em: <http://ffw.com.br/noticias/business/jovens-empreendedores-conheca-o-servico-que-permite-alugar-amigos-pelo-mundo/>. Acesso em: 11 mar. 2015.
10. <http://www.fazedoresdechuva.com/forums/showthread.php/1702-Site-oferece-amigos-de-aluguel-para-mostrar-o-que-as-cidades--t%C3%AAm-de-melhor#.UsPlV3n99HM>. Acesso em: 11 mar. 2015.
11. GRISCI, Carmem L. Iochins; BITENCOURT, Betina Magalhães; FLECK, Carolina Freddo. "Trabalho imaterial, medo, solidão: 'amigos de aluguel' na sociedade líquido-moderna". *Psicologia em Estudo*, Maringá, v. 17, jan.-mar. 2012.
12. Idem.
13. <http://about.couchsurfing.com/about/>. Acesso em: 12 mar. 2015.
14. <https://www.youtube.com/watch?v=c6Bkr_udado>. Acesso em: 11 mar. 2015.

15. Pinkola Estés, Clarissa. *Mulheres que correm com os lobos*. Rio de Janeiro: Rocco, 1999, p. 234.
16. Loures, Marisa. "Há controvérsias. Escritores e intelectuais discutem o individualismo na literatura contemporânea". *Tribuna de Minas*, set. 2012. Disponível em: <https://www.ufjf.br/secom/2012/09/17/clipping-ufjf-15-16-e-17-de-setembro-de-2012/>. Acesso em: 11 mar. 2015.
17. Idem.
18. Paz, Octavio. *O labirinto da solidão e Post-scriptum*. Rio de Janeiro: Paz e Terra, 1984, p. 175.
19. Moreno, Jacob Levy. *Fundamentos do psicodrama*. São Paulo: Summus, 2014, p. 20.
20. Pichon-Rivière, Enrique. *Teoria do vínculo*. São Paulo: Martins Fontes, 2000.
21. Tópico baseado no texto inédito "Por que em grupo e não sozinho?" de autoria de Cristiana Crespo, Regina Junqueira Mendonça e Renata Di Nizo, apresentado na pós-graduação da Sociedade Brasileira de Dinâmica dos Grupos em março de 2014.
22. Käes, R. *O grupo e o sujeito do grupo*. São Paulo: Casa do Psicólogo, 1997, p. 106.
23. Freud, Sigmund. *Psicologia das massas e a análise do eu*. Porto Alegre: L&PM Pocket, 2013, p. 2.
24. Zimerman, David. "A importância dos grupos na saúde, cultura e diversidade". *Vínculo*, São Paulo, v. 4, n. 4, dez. 2007. Disponível em: <http://pepsic.bvsalud.org/scielo.php?script=sci_arttext&pid=S1806-24902007000100002&lng=pt&nrm=iso>. Acesso em: 16 mar. 2015.
25. Entrevistada 4. Entrevista: pergunta complementar [mensagem pessoal]. Mensagem recebida por <renata@casacom.com.br> em jan. 2014.
26. Idem.
27. Idem.
28. Entrevistada 3. Entrevista: pergunta complementar [mensagem pessoal]. Mensagem recebida por <renata@casacom.com.br> em jan. 2014.
29. Apostila do Grupo Mada de São Paulo, s/d.
30. Entrevistada 4. Entrevista: pergunta complementar [mensagem pessoal]. Mensagem recebida por <renata@casacom.com.br> em jan. 2014.
31. Informação verbal, 22 set. 2013.
32. Idem.

33. PALMER, Michael. *Freud e Jung sobre a religião*. São Paulo: Loyola, 2001, p. 143.
34. Original em inglês disponível em: <http://www.barefootsworld.net/wilsonletter.html>. Acesso em: 16 mar. 2015.
35. Informação verbal, 22 set. 2013.
36. Apostila do Grupo Mada de São Paulo, s/d.
37. Citado em: ECHEVERRÍA, Rafael. *El búho de Minerva*. Santiago: Dolmen, 1997, p. 89 (tradução nossa).
38. Informações verbais, 22 set. 2013.
39. BARROS, Maria Elizabeth de. *Transformação do cotidiano: vias de formação do educador – A experiência da administração de Vitória/ES (1989-1992)*. Vitória: Edufes, 1997, p. 117.
40. Informação verbal, 22 set. 2013.
41. Idem.
42. Idem.
43. Idem.
44. ALMEIDA, Laurinda Ramalho de. "Consideração positiva incondicional no sistema teórico de Carl Rogers". *Temas em Psicologia*, Ribeirão Preto, v. 17, n. 1, 2009. Disponível em: <http://pepsic.bvsalud.org/scielo.php?script=sci_arttext&pid=S1413-389X2009000100015&lng=pt&nrm=iso>. Acesso em: 27 dez. 2013.
45. Informação verbal, 22 set. 2013.
46. PINKOLA ESTÉS, Clarissa. *Mulheres que correm com os lobos*. Rio de Janeiro: Rocco, 1999, p. 181 e 217.
47. Informação verbal, 22 set. 2013 (grifo nosso).
48. Idem.
49. Idem.
50. Idem.
51. MAILLHOT, Gérard Bernard. *Dinâmica e gênese dos grupos*. São Paulo: Duas Cidades, 1985.
52. Informação verbal, 22 set. 2013.
53. Idem.
54. Idem.
55. Idem.
56. Idem.
57. Idem.
58. ZIMERMAN, David. "A importância dos grupos na saúde, cultura e diversidade". *Vínculo*, São Paulo, v. 4, n. 4, dez. 2007. Disponível em: <http://pepsic.bvsalud.org/scielo.php?script=sci_arttext&pid=S1806-24902007000100002&lng=pt&nrm=iso>. Acesso em: 16 mar. 2015.

59. Informação verbal, 22 set. 2013.
60. Idem.
61. LEWIN, Kurt. "Conduta, conhecimento e aceitação de novos valores". In: *Problemas de dinâmica de grupo*. 3. ed. São Paulo: Cultrix, 1978, p. 75.
62. Informação verbal, 22 set. 2013.
63. BENNE, Kenneth D. "The processes of re-education: an assessment of Kurt Lewin's views". *Group & Organization Management*, v. 1, mar. 1976.
64. Informação verbal, 22 set. 2013.
65. ZIMERMAN, David. "A importância dos grupos na saúde, cultura e diversidade". *Vínculo*, São Paulo, v. 4, n. 4, dez. 2007. Disponível em: <http://pepsic.bvsalud.org/scielo.php?script=sci_arttext&pid=S1806-2 4902007000100002&lng=pt&nrm=iso>. Acesso em: 16 mar. 2015.
66. KUPFER, Maria Cristina. "Pais: melhor não tê-los?" In: ROSENBERG, Ana Maria S. (org.) *O lugar dos pais na psicanálise de crianças*. São Paulo: Escuta, 1994, p. 116.
67. KAHNEMAN, Daniel. *Rápido e devagar: duas formas de pensar*. Rio de Janeiro: Arqueiro, 2012.
68. LEWIN, Kurt. "Reconstrução cultural". In: *Problemas de dinâmica de grupo*. 3. ed. São Paulo: Cultrix, 1978.
69. LEWIN, Kurt. [1943] "Moral e perspectiva temporal". s/d. Disponível em: <http://www.sbdg.org.br/web/artigos_det.php?id=406>. Acesso em: 30 dez. 2013.
70. LELOUP, Jean-Yves; WEIL, Pierre; CREMA, Roberto. *Normose: a patologia da normalidade*. Rio de Janeiro: Verus, 2003.
71. LEWIN, Kurt. "Conduta, conhecimento e aceitação de novos valores". In: *Problemas de dinâmica de grupo*. 3. ed. São Paulo: Cultrix, 1978.
72. PAGÉS, Max. *A vida afetiva dos grupos*. Petrópolis: Vozes, 1982, p. 123.
73. MAILHIOT, Gerald Bernard. *Dinâmica e gênese dos grupos – Atualidade das descobertas de Kurt Lewin*. São Paulo: Duas Cidades, 1970, p. 65.
74. MENEZES, Maria Célia de. *Gênese da religião segundo Freud*. Dissertação (Mestrado em Ciências da Religião), Universidade Católica de Goiás, Goiás (GO), 2003, p. 137.
75. FREIRE, Paulo. *Educação como prática da liberdade*. 19. ed. Rio de Janeiro: Paz e Terra, 1989, p. 107.
76. LACAN, Jacques. *O seminário. Livro 2 – O eu na teoria de Freud e na técnica da psicanálise*. Rio de Janeiro: Zahar, 1985, p. 225.
77. ECHEVERRÍA, Rafael. *El búho de Minerva*. Santiago: Dolmen, 1997, p. 293.
78. MAILHIOT, Gerald Bernard. *Dinâmica e gênese dos grupos – Atualidade das descobertas de Kurt Lewin*. São Paulo: Duas Cidades, 1970, p. 161.

79. Echeverría, Rafael. *Ontologia del lenguaje*. Santiago: Dolmen, 1997, p. 400.
80. Campbell, Joseph. *O poder do mito*. São Paulo: Palas Athena, 1990, p. 184.
81. Todos os depoimentos foram feitos por escrito ao término do treinamento, em fins de 2007.
82. "Por que está tão crítico reter profissionais?". Hay Grouo, 2011. Disponível em: <http://www.haygroup.com/downloads/br/Retencao_funcionarios_Hay_Group.pdf>. Acesso em: 14 maio 2014.
83. Capra, Fritjof. *A teia da vida*. São Paulo: Cultrix, 1996, p. 77-78.
84. Citado em: Holanda, Adriano Furtado. "Editorial". *Revista da Abordagem Gestáltica*, Goiânia, v. 16, jun-2010.

Anexo 1 – Os 12 Passos*

1. Admitimos que éramos impotentes perante o álcool – que tínhamos perdido o domínio sobre a vida.
2. Acreditamos que um poder superior a nós poderia devolver-nos à sanidade.
3. Decidimos entregar nossa vontade e nossa vida aos cuidados de Deus, na forma em que O concebíamos.
4. Fizemos minucioso e destemido inventário moral de nós mesmos.
5. Admitimos perante Deus, perante nós mesmos e perante outro ser humano a natureza exata de nossas falhas.
6. Prontificamo-nos inteiramente a deixar que Deus removesse todos esses defeitos de caráter.
7. Humildemente rogamos a Ele que nos livrasse de nossas imperfeições.
8. Fizemos uma relação de todas as pessoas a quem tínhamos prejudicado e nos dispusemos a reparar os danos a elas causados.
9. Fizemos reparações diretas dos danos causados a tais pessoas sempre que possível, salvo quando fazê-las significasse prejudicá-las ou a outrem.
10. Continuamos fazendo o inventário pessoal e, quando estávamos errados, nós o admitíamos prontamente.
11. Procuramos, por meio da prece e da meditação, melhorar nosso contato consciente com Deus, na forma em que O concebíamos, rogando apenas o conhecimento de Sua vontade em relação a nós e forças para realizar essa vontade.
12. Tendo experimentado um despertar espiritual, graças a estes passos, procuramos transmitir esta mensagem aos alcoólicos e praticar tais princípios em todas as nossas atividades.

---

* Disponível em: <http://www.alcoolicosanonimos.org.br/index.php/os-doze-passos>. Acesso em: 16 mar. 2015.

Anexo 2 – As 12 Tradições

1. Nosso bem-estar comum deve estar em primeiro lugar; a reabilitação individual depende da unidade dos AA.
2. Somente uma autoridade preside, em última análise, o nosso propósito comum – um Deus amantíssimo que se manifesta em nossa Consciência Coletiva. Nossos líderes são apenas servidores de confiança; não têm poderes para governar.
3. Para ser membro do AA, o único requisito é o desejo de parar de beber.
4. Cada grupo deve ser autônomo, salvo em assuntos que digam respeito a outros grupos ou ao AA em seu conjunto.
5. Cada grupo é animado por um único propósito primordial – o de transmitir sua mensagem ao alcoólico que ainda sofre.
6. Nenhum grupo de AA deverá jamais sancionar, financiar ou emprestar seu nome a qualquer sociedade parecida ou empreendimento alheio à irmandade, a fim de que problemas de dinheiro, propriedade e prestígio não nos afastem de nosso propósito primordial.
7. Todos os grupos de AA deverão ser absolutamente autossuficientes, rejeitando quaisquer doações de fora.
8. Os AA deverão manter-se sempre não profissionais, embora nossos centros de serviços possam contratar funcionários especializados.
9. O AA jamais deverá organizar-se como tal; podemos, porém, criar juntas ou comitês de serviço diretamente responsáveis perante aqueles a quem prestam serviços.
10. Os AA não opinam sobre questões alheias à irmandade; portanto, seu nome jamais deverá aparecer em controvérsias públicas.
11. Nossas relações com o público baseiam-se na atração em vez da promoção; cabe-nos sempre preservar o anonimato pessoal na imprensa, no rádio e em filmes.
12. O anonimato é o alicerce espiritual das nossas tradições, lembrando-nos sempre da necessidade de colocar os princípios acima das personalidades.

Anexo 3 – Os 7 Lemas*

1. Fazer primeiro as coisas primeiras.
2. Devagar se vai ao longe.
3. Viver e deixar viver.
4. Viver na graça de Deus.
5. Esquecer os prejuízos.
6. Recomendar-se a Deus incondicionalmente.
7. Só por hoje.

* <http://www.neuroticosanonimos.org.br/os-7-lemas.html>. Acesso em: 16 mar. 2015.

Anexo 4 – Os 12 Princípios Espirituais*

1. Honestidade
2. Esperança
3. Fé
4. Coragem
5. Integridade
6. Boa vontade
7. Humildade
8. Autodisciplina
9. Amor ao próximo
10. Perseverança
11. Espiritualidade
12. Serviço

* Inspirados em *Os doze passos e as doze tradições de Comedores Compulsivos Anônimos*. Rio de Janeiro: JUNCCAB, 1999.

Agradecimentos

Agradeço aos normóticos porque questionam minha lucidez (ou loucura?). Ao meu dr. Godoy e a Ude Guimarães, bem como a todos aqueles que me ajudam a me livrar da doença de ser normal. Aos grupos que me acompanharam quando derrubamos fronteiras e podamos a erva daninha que ainda brota nos muros de Berlim. Aos que me apontam a maçaneta para o abrir e o silenciar. Aos grupos da infância e, em especial, aos da adolescência, que são tão cruéis na minha memória. Aos que me ensinam a me compadecer da soberba. Aos vizinhos que jogam lixo na porta da minha casa porque não sabem plantar flores. Aos egoístas que me testam até eu apontar contra eles uma flor. Agradeço em especial aos entrevistados que gentilmente compartilharam a riqueza indescritível de sua experiência nos grupos de ajuda mútua. A Tânia Camargo, por sua disponibilidade ímpar. Ao Mauro Oliveira, por me apresentar a Ude e, com ela, as histórias que moram dentro de mim, e por me inundar de Kurt Lewin – que me assombra até de pijama. Descobri a topologia dos meus grupos subterrâneos. Na sombra encontro meu florescer. Basta desconstruir as pegadas no caminho. Somos as histórias que habitam em nós. E, no encontro com cada pessoa e cada grupo, reside a minha eterna gratidão. *Gracias* a Danizinha, Beto, Luciara, Milena, Carlos, Rezinha, Cris, Marcos, Maryan, Vera, Dani, Neidi, Clau, Liliane Robman, So, Ieda, Loïc, Dezinha, Guido, Lili, Pierrette, Fátima, Soraia, Chantal, Gabi, Zé Paulo, Laurence, Ana,

Agradecimentos

Eliane, Sidney, Edna, Darwin, Brites, Ju, Ana Paula, Xema, Maricoca, Dadá, Rosário, Myrian, Stela, Guilherme, Rogério, Sérgio, Ivaneide, mãe, tia Cota, Angela, tia Neuza, Rosário, Dolores, Anabel, Ana Marcia Katayama, professor Jaime, Lucia Tucci, Camila, Edith, Jair, Tânia, Grupo Mada, Dekinha y Michelly.

leia também

O MEU, O SEU, O NOSSO QUERER
FERRAMENTAS PARA A COMUNICAÇÃO INTERPESSOAL
Renata Di Nizo

Complementa o livro anterior da autora, A educação do querer, que trata do autoconhecimento. Este aborda a comunicação com o outro. O objetivo é investigar e aprimorar o diferencial expressivo, tornando a fala e a escrita intervenções autênticas e transformadoras. Excelente instrumento de trabalho para empresas.

REF. 20033   ISBN 978-85-7183-033-2

A EDUCAÇÃO DO QUERER
Ferramentas para o autoconhecimento e a auto-expressão
Renata Di Nizo

O objetivo deste livro é que cada um descubra estratégias apropriadas para aprender. Ele trata de comunicação intrapessoal – isto é, de autoconhecimento –, despertando a habilidade que todos temos de nos tornar aptos a executar as mudanças de vida que desejamos. Prático, criativo e eficiente, pode ser utilizado em empresas, escolas, fábricas ou em grupos menores.

REF. 20028   ISBN 978-85-7183-028-8

FOCO E CRIATIVIDADE
Fazer mais com menos
Renata Di Nizo

O lema "fazer mais com menos" impregnou a vida moderna. Mas não basta ser ágil e criativo: é preciso levar a sério a interdependência entre ética e criatividade – tanto pessoal como profissionalmente. Este livro, ideal para o atual momento de crise, aborda a importância do foco e as formas de aplicá-lo no ambiente organizacional; as etapas do processo criativo; os passos fundamentais para desenvolver a criatividade e técnicas para gerar ideias em grupo.

REF. 10644   ISBN 978-85-323-0644-9

ESCRITA CRIATIVA
O prazer da linguagem
Renata Di Nizo

Sim, todos podem escrever bem – e, principalmente, gostar de escrever. Neste livro, Renata Di Nizo oferece numerosas técnicas de criatividade que possibilitam a descoberta do potencial criativo – muitas vezes oculto por uma rotina cansativa e a falta de estímulos adequados. Indicado para todas as pessoas que desejam se comunicar melhor por escrito, especialmente profissionais, acadêmicos e estudantes.

REF. 10526   ISBN 978-85-323-0526-8

www.gruposummus.com.br

IMPRESSO NA
sumago gráfica editorial ltda
rua itauna, 789 vila maria
02111-031 são paulo   sp
tel e fax 11 **2955 5636**
sumago@sumago.com.br